二見文庫

鉄道博物館を楽しむ99の謎

鉄道博物館を楽しむ研究会 著

はじめに

日本には、鉄道をテーマにした博物館、記念館が約160カ所あります。この狭い日本列島の、北は北海道から南は沖縄まで、全国津々浦々にこれほど多くの鉄道博物館・記念館が点在しているのです。鉄道が日本人にとってどれほど身近な存在であり、また、私たちがいかに鉄道に愛着をもっているかがわかる数字といえます。

もっとも、この160余りの鉄道博物館・記念館は、展示物の充実度や規模もまちまちであり、なかには、地元で親しまれてきた小さな路線を紹介したにすぎないものもあります。そうしたなかで、2007（平成19）年10月14日、さいたま市大宮区にオープンした「鉄道博物館」は、まさに規模、充実度、おもしろさで群を抜く、国内「最大」にして「最高」の博物館です。

貴重な実物展示車両36両をはじめ、日本最大級といえる模型鉄道ジオラマ、5種類の運転が実物と変わらない運転台で体験できる運転シミュレータ、また、鉄道や車両のしくみなどを科学的な視点から学べるゾーンなど、全部で58万点もの収蔵品を駆使して、鉄道にまつわるさまざまな「謎」を解き明かしてくれるのが、この鉄道博物館なのです。

「日本の鉄道を初めて走った機関車はどれか」「日本の鉄道はどこの国を手本にしてつくられたのか」「昔の御料車と今の御料車はどう違うか」「車両につけられたカタカナや数字で表わされる記号や番号の意味は？」「JR車両の塗装に使われる色にはどんな種類があるか」「新幹線の先頭部分はどうしてだんだん細長い形にモデルチェンジされたのか」……。

鉄道博物館のなかを歩き回り、いろいろな展示物に触れながら、鉄道の謎を知れば知るほど、もっと深く知りたいことや新たな「謎」がふつふつと湧いてきます。そのときは、ぜひ本書を開いてみてください。鉄道に関するさらに深い知識、おもしろいエピソードなど、鉄道博物館の展示物にまつわる、ありとあらゆる情報を詰めこんであります。

鉄道博物館に赴く前に、本書を読んで「予習」しておくのもよし、帰ってから「復習」に使ってもいいでしょう。しかし、最もおすすめしたいのは、館内を見学する際に携えて、それぞれの展示物を前に、それぞれ該当する項目を一読するという活用法です。目の前の車両や模型が何倍もおもしろく見えてくるし、ひとつひとつの展示物がバラバラの「置物」としてではなく、鉄道史という流れのなかで、つながりをもってとらえることができます。

本書は、見学時に活用することを考えて、最寄り駅に到着してから入館前までに知っておきたい情報を「ＰＡＲＴ１」にまとめ、入館後、ゾーンごとに見学することを想定して、各ゾーンを「ＰＡＲＴ２」から「ＰＡＲＴ５」に割り振ってあります。見学の際のガイドブックとしても役立つでしょう。

では、さっそく、本書を持って、鉄道博物館に足を運んでみましょう。「懐かしの車両に会いたい」「貴重な実物車両に触れてみたい」「運転士気分を味わってみたい」……。どんな願いも、ここではかないます。鉄道マニアでなくても結構。子供から年配の人まで、男性も女性も、行ってみれば、鉄道の魅力にハマること請け合いです。帰り道には、みんな「鉄男」「鉄子」となって、鉄道のおもしろさ、楽しさを思う存分、語り合ってほしいのです。

２００８年９月

鉄道博物館を楽しむ研究会

もくじ

PART2 ヒストリーゾーンその1

鉄道黎明期～電化時代の謎

PART3 ヒストリーゾーンその2

高速化と大量輸送時代の謎

PART4 ラーニングゾーン

鉄道の科学に迫る謎

PART5 エントランスゾーンほか

鉄道博物館の謎は尽きない

PART1

「鉄道博物館」そのものに秘められた謎

1 初代「鉄道博物館」は87年前、東京駅にあった！

2007（平成19）年10月、さいたま市大宮区に華々しくデビューした鉄道博物館の前身が、東京・秋葉原駅近くに2006（平成18）年5月まであった「交通博物館」だったことを知る人は多いだろう。では、「交通博物館の前身は？」と聞かれて、答えられる人はそう多くはないのではなかろうか。

答えは、なんと「鉄道博物館」なのだ。

長らく鉄道ファンを楽しませてくれていた交通博物館は、1936（昭和11）年4月、東京都千代田区神田須田町の中央本線万世橋駅前に、駅舎の一部を利用する形で開館した。

しかし、このときの博物館の名称は、まだ「交通博物館」ではない。その名は、第二次世界大戦後まもない1946（昭和21）年に、一度「交通文化博物館」に改められ、さらに、2年後の1948（昭和23）年に、「交通博物館」と改称されたのだ。

1936年のオープン当時、交通博物館は何と呼ばれていたか。それこそが、「鉄道博物館」なのだ。

この旧・鉄道博物館は、万世橋駅前に移転してきたもので、それ以前は、東京―神田間の高架下（呉服橋架道橋付近）にあった。しかし、これも移転されたものであり、移転前の所在地は、東京駅北側高架下（現在の大手町2丁目付近）だったのだ。

この初代・鉄道博物館が開館したのは、１９２１（大正10）年10月である。鉄道開業50周年（１９２２年）を記念しての一大事業だったと伝えられている。

ただし、一般に公開されたのは、たったの10日間。それでも、この間、のべ58万人もの人々が、この鉄道博物館を訪れた。

現在のように、いつでも、誰でも、気軽に足を運べるようになったのは１９２５（大正14）年に、東京‐神田間の高架下に移転・開館されたときからだ。当初は入館料も無料だった。

長い歴史をもつ鉄道博物館だが、その存続が危ぶまれたこともある。

東京駅にあった初代・鉄道博物館は、１９２３（大正12）年9月に関東大震災に遭い、資料を焼失させ、閉館を余儀なくされた。

万世橋駅に移転した3代目・鉄道博物館も、第二次世界大戦が激化した１９４５（昭和20）年3月に、一時、休館せざるをえなくなった。

その歴史は、まさに日本の歴史とともにあったということができるだろう。80年以上にもわたる歩みに思いを馳せながら、この博物館にたたずむと、感慨もひとしおだ。

2 鉄道博物館の開業日を10月14日にこだわった理由は？

鉄道博物館の開業日は、２００７（平成19）年10月14日だ。そして、初代・鉄道博物館の開業日も、10月14日だった。なぜ、10月14日にこだわるのか。

鉄道に少し詳しい人なら、この日が「鉄道の日」だからだと答えるに違いない。しかし、初代・鉄道博物館が開館した１９２１（大正10）年には、まだ「鉄道の日」は存在していなかった。

実は、「鉄道の日」という名称には、それほど古い歴史はない。もともとは「鉄道記念日」と呼ばれていたが、１９９４（平成６）年に、当時の運輸省（現・国土交通省）の意向で改名されたのだ。

改名の理由は「鉄道記念日がＪＲ（旧・日本国有鉄道）の記念日に由来するもので、私鉄など他の事業者も含めて広く受け入れられる状況にないから」というものだ。それものそのはず、「鉄道記念日」は、長らく、日本国有鉄道の記念日として、分割民営化後もＪＲグループのなかだけで祝われてきたのだ。

では、「鉄道の日」の前身、「鉄道記念日」が制定されたのは、いつのことか。

それは、初代・鉄道博物館が開館した翌年、1922(大正11)年のことだ。つまり、初代・鉄道博物館が開館した当時、10月14日は「鉄道の日」でもなければ、「鉄道記念日」でもなかった。

しかし、10月14日という日に特別な名称がつけられていようが、なかろうが、「鉄道人」たちにとっては、格別の思い入れのある日だったということだ。それは、まさに、日本の鉄道開業の幕開けの日だったからである。

1872(明治5)年9月12日、日本初の鉄道路線となる、新橋駅(のちの汐留駅)―横浜駅間が正式に開業した。当時、日本は太陰太陽暦である「天保暦」(旧暦)を使用しており、この暦をグレゴリオ暦(太陽暦)に置き換えると、「10月14日」になる。日本の鉄道の歴史上、忘れることのできない日。その日にこだわって、初代・鉄道博物館も開館された。

ところで、この鉄道開業日は、当初、10月11日(旧暦の9月9日・重陽の節句)を予定していた。しかし、当日は、暴風雨が吹き荒れるほどの悪天候に見舞われ、開業を祝えるような状況ではなかった。そこで、しかたなく、開業日を延期したというエピソードが伝えられている。

もし、予定どおり、10月11日に開業していれば、「鉄道の日」も、鉄道博物館の開業日も、10月11日となっていたに違いない。

3 なぜ、鉄博の「新天地」として大宮が選ばれたのか？

東京の中心部にあった交通博物館と比べ、鉄道博物館が建てられた「大宮」は、東京駅からは30〜40分はかかる。利便性という点からみれば、それほど恵まれた立地条件とはいえないだろう。では、なぜ、鉄道博物館は、あまり便利とはいえない、さいたま市大宮区に建てられたのか。

それは、大宮が、鉄道とは深いゆかりのある土地だからだ。古くから、鉄道の拠点として栄えてきた大宮は「鉄道の街」との異名をとることで知られている。

大宮駅の南側には、かつて、旧国鉄の三大操車場のひとつに数えられていた「大宮操車場」があった。この跡地が、「さいたま新都心」として開発されたのだ。

現在も、大宮駅に隣接する形で、JR東日本の鉄道工場・車両基地である「大宮総合車両センター」がある。

1894（明治27）年、日本鉄道株式会社業務部汽車課として設立された同センターは、1919（大正8）年から、アプト式電気機関車（ED40）の製造を開始し、1938（昭和13）年には、D51新造第1両目（D51‐187）号機を竣工、その後も、C58‐363号機や、

D51－498号機などの復元作業にもかかわってきた歴史がある。

このほか、大宮には、日本貨物鉄道（JR貨物）の車両工場である「大宮車両所」もあるのだ。ここでは、高崎や鶴見の機関区に配置されている電気機関車や新潟、愛知などの機関区に配置されているディーゼル機関車の検査・更新なども行なっている。

また、大宮駅は、東北本線と高崎線の分岐駅であり、京浜東北線の始発駅として、重要な役割を担っている。

大宮という土地は、過去においても、現在においても、鉄道交通の「要衝」となっているのだ。

鉄道の歴史・現在・未来を伝える鉄道博物館にとって、最もふさわしい場所だったということだ。

4 鉄道博物館へといざなってくれるニューシャトルとは？

鉄道博物館への「足」といえば、ほとんどの人がJR大宮駅から乗り換える、埼玉新都市交通「ニューシャトル」を利用することになるのではないだろうか。鉄道博物館の最寄り駅「鉄道博物館駅」へは、このニューシャトルで、大宮駅から1駅だ。

「ニューシャトル」の鉄道博物館駅構内

鉄道博物館駅は、以前は「大成《おおなり》駅」と呼ばれており、今も駅名にはカッコつきで「大成」の文字が残されている。鉄道博物館が建つ前の大成駅は、1日の乗降客が約5000人という、小さな駅だった。博物館の開館にあわせ、多くの利用者を見込んで、この駅も改築され、銀色を基調とした、近未来的な建物へと変貌している。

ニューシャトルは、1983（昭和58）年12月に、大宮駅と羽貫《はぬき》駅をつなぐ11・6km（12駅区間）を走る路線として開業し、現在は、1駅延びて内宿《うちじゅく》駅まで続いている（12・7km）。線路の上を走る電車とは異なり、走行する路上に敷かれたガイドウェイ（案内軌条）に、案内輪を当てながら、ゴムタイヤで走行するシステムを導入している。これは、一般的には

「新交通システム」と呼ばれ、この仲間には、東京臨海新交通臨海線「ゆりかもめ」や、横浜新都市交通「金沢シーサイドライン」、神戸新交通「ポートアイランド線」などがある。しかし、「無人運転システム」のゆりかもめや金沢シーサイドライン、ポートアイランド線に乗るときに、ふっと頭をかすめる不安はない。ニューシャトルには、先頭車両に運転士が乗っているので、なんとなく安心できる。

そして、ニューシャトルの魅力は、なんといっても、東北新幹線と上越新幹線の高架の両側を併走するように線路が敷かれているため、車窓から、たびたび新幹線の車両を間近に見ることができる点だ。もし、時間にゆとりがあれば、鉄道博物館駅を通りすぎて、ニューシャトルの「小さな旅」を味わってみるのも一興だろう。

5 必見！ 鉄道博物館駅から続くプロムナードの壁・床・天井

鉄道博物館駅から、博物館の入口まで続くプロムナードを何気なく通りすぎてはならない。ここは、鉄道博物館の「序章」ともいえる部分だ。鉄道博物館の「楽しみ」は、すでにここから始まっているのだ

薄暗いアーケード状の通りを歩きながら、まず、目につくのは、かつて交通博物館の正

プロムナード床面の新幹線時刻表

面に展示されていた「D51形蒸気機関車」先頭部のカットモデルだ。

さらに、壁面にも注目してほしい。ここに埋めこまれているレンガは、交通博物館のあった万世橋駅の「レンガ積みによるアーチ」を再現させたものだ。交通博物館から鉄道博物館へと、鉄道の歴史がつながっていることを感じさせる造りになっている。

当初の計画では、本物のレンガ積みにする予定だったが、新幹線と在来線にはさまれた立地条件のため、列車の振動などにより、剥離や脱落の恐れが生じるということで、この方式を採用することになった。

続いて、足下にも注意を向けよう。よく見ると、床面には、新幹線の時刻表が描かれているのだ。東北新幹線大宮駅開業時（198

2年6月)、同上野駅開業時(1985年3月)、同東京駅開業時(1991年6月)、同八戸駅開業時(2002年12月)、山形新幹線山形駅開業時(1992年7月)、山形新幹線新庄駅開業時(1999年12月)、秋田新幹線秋田駅開業時(1997年3月)がそれである。

さらに、天井も見上げてみよう。そこには新幹線のダイヤグラム(鉄道員用時刻表)をイメージした造形が施されている。

学校の休暇と重なる時期などは相当混雑し、入館制限がなされ、プロムナードで少々待たされることもある。

そんなときこそ、イライラせずに、プロムナードの隅々に目を配り、ふだんなら見すごしてしまいそうな「見どころ」を発見しようではないか。

6 鉄道博物館で間近に見られる「展示物以外の車両」とは?

鉄道博物館の館内に一歩足を踏み入れると、その壮大なスペースに圧倒される。建築のデザインテーマは、「時空の旅」だ。近代から現代に至るまでの長い時の流れと、日本各地で活躍する鉄道のスケールの大きさを表現したものだという。

建物は、ゆるやかな曲面をもつ、総延長250mの大屋根によって全体のフォルムが形

総延長250mの大屋根の鉄道博物館

づくられている。
　建物の構造は、「斜交立体トラス」と呼ばれる、三角形を基本にして組んだものだ。この構造のなかに、45×190mの大空間が生み出され、そこに36両の本物の車両が居並んでいるというわけだ。
　ところで、鉄道博物館が建てられた場所は、南北約600mの細長い敷地である。この敷地は、西側に東北新幹線、上越新幹線、埼玉新都市交通ニューシャトル、東側に高崎線や川越線などの在来線が走っており、これらにはさまれている。博物館とそれぞれの線路は、かなり近接しているため、施工時の苦労も大きかったといわれている。
　たとえば、大屋根を支える鉄骨を組み立てるときは、大型クレーンでの作業となったが、列車の安全運行を最優先させるため、作業は列車の運行が終了した夜中から明け方に集中して行なわれた。毎日、新幹線の運行ダイヤをチェックしたうえで、作業を行なわなければならなかったという。

さて、そうしたおかげもあって、鉄道博物館では、館内では現役を引退した貴重な車両が堪能できるだけでなく、博物館のすぐ横を走り抜ける現役バリバリの列車も見ることができるのだ。「こまち」「はやて」「つばさ」「Ｍａｘやまびこ」「Ｍａｘとき」「あさま」はもちろん、運がよければ、電気軌道総合試験車「Ｅａｓｔ ｉ」にお目にかかれるかもしれない。建物の反対側では、貨物列車や大宮総合車両センターから発車する、珍しい試運転列車に遭遇できるチャンスもある。

7 36種類もの実物車両をどうやって運び入れた？

鉄道博物館には、国の重要文化財をはじめとする、全部で36種類の実物車両が展示されている。その数は、交通博物館時代の8両から4倍以上にもなった。鉄道博物館の展示車両は、交通博物館から持ちこんだものもあるが、今回、貴重な車両たちが全国から集められた。

備　考
英国から輸入された日本初の蒸気機関車。
日本鉄道で使われた蒸気機関車。善光号と呼ばれる。
北海道開拓に活躍した北海道初の蒸気機関車で弁慶号と呼ばれる。
北海道開拓に使用した米国様式の特別客車。
明治期の3等客車を模して作られた実物大展示用車両。
中央線の前身である甲武鉄道が導入した初の国電 。
国産最古のボギー台車式大型電車。東京地区で使用された。
現存唯一のマレー式機関車で、東海道本線御殿場越えで使用された。
初の国産電気機関車で、信越本線横川～軽井沢間のアプト式区間で使用された。
蒸気機関車の国産技術が確立した大正時代に登場した急行用大型蒸気機関車。
東海道本線の電化に備え、英国より輸入された電気機関車。
初の鋼製客車として製造された標準的な17m級客車。内装は木造。
特急・急行列車の牽引に活躍した旅客用標準機関車。
東海道本線の特急用１等展望客車。桃山様式の荘厳な内装を誇る。
3扉ロングシート車で戦前を代表する通勤車両。
本格的な大型ガソリンカー。国鉄で廃車後、遠州鉄道、筑波鉄道などで使用。
入換用ディーゼル機関車の標準機。全国の貨物ヤードで活躍した。
高い人気を誇った戦後の標準型特急用電気機関車。
国鉄初の固定編成寝台特急用客車。空気バネ台車や防音2重窓を採用。
国鉄初の新性能通勤電車。首都圏・関西圏の通勤路線で使用。
国鉄初の特急電車151系を基に、勾配線区のために主電動機を強化。上越線で使用。
国鉄で初めて導入された液体変速式総括制御気動車。
ほぼ全国の電化区間で使用された全電源対応特急電車の先頭車。
交流・直流の両電化区間に対応するための整流器とトランスを搭載。
ほぼ全国で使われた長距離急行用交直両用電車。
ほぼ全国の交流電化区間で使用された交流区間用標準電気機関車。
東北・上越新幹線用に新製された200系の先頭車。
国鉄最大の出力を誇った高速貨物列車用電気機関車。
九州～大阪・東京を結ぶ鮮魚輸送に活躍した、車掌室つきの冷蔵貨車。
「戸口から戸口へ」のキャッチフレーズで貨物輸送に変革をもたらしたコンテナ貨車。
明治天皇専用の日本初の御料車。
九州鉄道が製作した明治天皇専用御料車。
大正天皇専用御料車。工芸技術の粋を尽くした内装。
大正時代に使用された御召列車専用食堂車。
大正時代に使用された御召列車専用展望車。戦後、GHQが使用。
摂政宮（昭和天皇）用御料車。木製としては最後の御料車。
初の鉄道省営バス路線に使用。本格的な国産の鋼製車両。

展示車両一覧(鉄道博物館資料より)

展示車両一覧

	形式	種別	製造初年	文化財指定等
1	150形式	蒸気機関車	1871	鉄道記念物・重要文化財
2	1290形式	蒸気機関車	1881	鉄道記念物
3	7100形式	蒸気機関車	1880	鉄道記念物
4	開拓使号	客車	1880	鉄道記念物
5	明治期の客車	(模造)	—	
6	デ963形式(ハニフ1形式)	電車	1904	
7	ナデ6110形式	電車	1914	鉄道記念物
8	9850形式	蒸気機関車	1913	
9	ED40形式	電気機関車	1919	準鉄道記念物
10	C51形式	蒸気榥関車	1920	
11	ED17形式	電気機関車	1923	
12	オハ31形式	客車	1927	
13	C57形式	蒸気機関車	1940	
14	マイテ39形式	客車	1930	
15	クモハ40形式	電車	1933	
16	キハ41300形式	気動車	1933	
17	DD13形式	ディーゼル機関車	1958	
18	EF58形式	電気機関車	1946	
19	ナハネフ22形式	客車	1958	
20	クモハ101形式	電車	1957	
21	クハ181形式	電車	1958	
22	キハ11形式	気動車	1956	
23	クハ481形式	電車	1964	
24	モハ484形式	電車	1968	現・モヤ484形式
25	クモハ455形式	電車	1965	
26	ED75形式	電気機関車	1963	
27	222形式	新幹線電車	1980	
28	EF66形式	電気機関車	1968	
29	レムフ10000形式	貨車	1966	
30	コキ50000形式	貨車	1966	
31	初代１号御料車	御料客車	1876	鉄道記念物・重要文化財
32	初代2号御料車	御料客車	1891	鉄道記念物
33	7号御料車	御料客車	1914	鉄道紀念物
34	9号御料車	御料食堂車	1914	鉄道記念物
35	10号御料車	御料展望車	1922	鉄道記念物
36	12号御料車	御料客車	1924	鉄道記念物
-	国鉄バス第1号車	乗合自動車	1930	鉄道記念物

津軽鉄道（青森県）で活躍した「オハ31形式客車」や、松本電鉄（長野県）から贈られた「ハニフ1形式客車」（デ963形式電車）、鎌倉総合車両センター（神奈川県）から搬送された「ナハネフ22形式客車」、仙台市近くにあるJR東日本新幹線総合車両センター（宮城県）から運ばれた「新幹線200系222形式先頭車」、東京都の青梅鉄道公園に展示されていた「C51形式蒸気機関車」など、みな出身地はまちまちだ。

客車などは、全体をブルーシートで完全に包みこみ、クレーンで吊り上げ、専用のトレーラーに載せて、鉄道博物館建設中の大宮の地まで運送された。

しかし、前述の「オハ31形式客車」などは、地元の芦野公園（五所川原市）に、長年、風雪にさらされながら展示されていたもので、車両の傷みが激しく、トレーラーによる長距離輸送に耐えられないとの判断から、車体を中央から2つに分割して運ばれた。

また、交通博物館から移送された「9850形式蒸気機関車」（マレー機）や「C57形式蒸気機関車」も、ボイラー周りと車輪部分を分解し、双方を別々に搬出した。

こうして、細心の注意を払い、大切に運ばれた車両たちは、いったん、大宮総合車両センターに搬入され、車体を結合させてから、修復、補修、復元がなされ、万全の姿で、鉄道博物館に搬入されたのだ。

さて、では、車両センターから鉄道博物館へは、どうやって車両を移動させたのか。

その答えは簡単。すでに、完全な形となった車両たちは、自らの車輪を動かして、鉄道博物館へと入っていったのだ。

建設中の鉄道博物館には、大宮総合車両センターの試運転線の線路につながる新たな線路が敷設されてあったのだ。博物館1階の「ヒストリーゾーン」に展示されている、これらの実物車両のうち、南側の壁際（エントランスから見ると、建物の一番奥にあたる場所）は展示車両の搬入口であり、そこにある展示線は、実は館外にも続いている。

博物館のなかが「過去の世界」とするならば、この線路を通じた館外は「現在の世界」だ。鉄道の過去と現在が、この鉄道博物館では、しっかりと「つながっている」証しといえるだろう。

8 展示車両につけられた「鉄道記念物」の指定って何？

鉄道博物館に展示される実物車両は、全部で36両あるが、そのなかには、国が指定する重要文化財が2点含まれている（「150形式蒸気機関車」と「初代1号御料車」）。

そのほかに、「鉄道記念物」「準鉄道記念物」に指定されているものも目につく（28～29ページ・「展示車両一覧」参照）。

この「鉄道記念物」「準鉄道記念物」とは何だろうか。

これは、旧国鉄が1958(昭和33)年10月に制定した「鉄道記念物等保護基準規程」の基準に従い、日本の鉄道に関する歴史・文化の面において重要と思われる事物等を指定し、これを保存・継承することを目的としてつくられた制度だ。具体的には、次の基準を満たしたものに対して、国鉄総裁が「鉄道記念物」と指定した。

1 国鉄および国鉄以外の者の地上施設その他の建造物・車両・古文書などで、歴史的文化価値の高いもの

2 国鉄および国鉄以外の者の制服・作業用具・看板その他の物件で、諸制度の推移を理解するために欠くことのできないもの

3 国鉄における諸施設の発祥となった地点、国鉄のある伝承地、鉄道の発達に貢献した個人の遺跡(墓碑を含む)などで歴史的価値のあるもの

1958年以来、1960年代までは毎年数件ずつ指定されていったが、その後は、1972(昭和47)年の1件を最後にずっと指定が行なわれなかった。

鉄道記念物とは別に、「地方的にみて歴史的文化的価値の高いもの」について、旧国鉄各支社が指定する「準鉄道記念物」もあった。こちらは1963(昭和38)年から1980年代まで指定が行なわれていたが、やはり、1986(昭和61)年に3件が指定されたのを

最後に、しばらく指定が行なわれなかった。

指定が行なわれなくなった最大の理由は、旧国鉄の「民営化」にある。民営化後は、JR各社が独立したために、記念物の指定について、他社の同意を得ることも難しくなってきている。2004(平成16)年に、JR西日本が交通科学博物館(大阪府)所蔵の4車両を「準鉄道記念物」から「鉄道記念物」に昇格させたが、他のJR各社はこれに同調していない。

今後の課題もある「鉄道記念物」だが、指定されたものすべてに鉄道史上価値があることに変わりはない。現在、36件が「鉄道記念物」に指定されているが、そのうちの12件をこの鉄道博物館で見ることができる。

9　鉄道博物館のシンボルマークが意味するものは？

シンプルにして、奥深い、鉄道博物館のシンボルマークにも注目してほしい。3つの輪が1本の直線でつながれている。誰が見ても一目瞭然、車輪がモチーフにされている。「日本科学未来館」(横浜市)のサインデザインなどを手がけたことで知られるデザイナー、廣村正彰氏が制作した。

「鉄道」「歴史」「教育」の３つのコンセプトの
シンボルマーク

鉄道博物館のシンボルマーク

ラーニングホールの建物側面とシンボルマーク

3つの輪は、「鉄道」「歴史」「教育」を意味しており、それぞれをつなぐ役割を担っているのが、この鉄道博物館というわけだ。来館者が資料や展示物を鑑賞するだけでなく、そこから、鉄道の歴史や技術を学習し、創造力を養うことをコンセプトにしているのだ。そのために、運転シミュレータや模型鉄道ジオラマなど、来館者自身が参加できる体験型展示が充実していることも、鉄道博物館の大きな特徴である。

さて、もう一度、シンボルマークをよく見てみよう。ひとつひとつの円とそれをつなぐ線……それは、円を駅に見立てた鉄道路線図をも思わせる。車輪のように動き、次の駅に向かって走りつづける。鉄道博物館が、常に進化しつづける存在であることを象徴しているかのようだ。

そして、3つの輪をそれぞれ1本の棒でつなげているが、若干右にずらすことで、躍動感が感じられる。

10 鉄道博物館を楽しむための「コツ」とは?

2007(平成19)年10月開館当時の来館者数の目標は、「3月末までに60万人達成」というものであった。しかし、蓋を開けてみると、来館者は予想以上に多く、目標の60万人を2008（平成20）年1月18日に達成してしまい、その後、学校の春休みなどもあって、来館者数はうなぎのぼり。同年3月31日には、ついに、100万人を超えた。

博物館側にとっては「うれしい悲鳴」だが、訪れる側は喜んでばかりもいられない。混雑から逃れ、ゆっくりと展示物を鑑賞したいと思ってもままならないのが現実なのだ。時間の都合がつくなら、学校の長期休暇は外し、平日の午前中に来館するのがおすすめだ。博物館では、全部の見学コースを回るのに「2時間程度」を目安として考えてほしいと案内している。

しかし、鉄道ファンなら、2時間では足りないだろう。じっくり見るならもっと長居をするか、何回かに分けて足を運ぶのがいい。企画展の内容も定期的に変わるので、何度足を運んでも、楽しめるに違いない。

それと、カメラは必ず持参すること！　普通の博物館と違って、展示物の写真はいくら撮ってもOKだ。貴重な車両と一緒に写真に写れるなんて、「最高の記念」である。

PART2 ヒストリーゾーンその1

——鉄道黎明期～電化時代の謎

11 開業当時の新橋駅ホームに停まる客車の屋根に謎の人影？

鉄道博物館のメインエントランスから入館し、右に曲がったところに広がるのが「ヒストリーゾーン」だ。吹き抜けの高い天井がずっと奥まで広がり、まるで、飛行機の格納庫を思わせるようなスケールの大きさである。その広大なスペースの薄暗い照明の下で、歴史に名を残す、錚々《そうそう》たる顔ぶれの車両たちが静かにたたずんでいる。

ヒストリーゾーンに一歩足を踏み入れて、最初に目につくのが、すぐ右手に見える、小さな駅のホーム。１８７２（明治５）年秋、開業当時の新橋駅だ。

時刻は夕方らしく、ホームの屋根から吊り下げられたランプに灯りがともっている。ホームに停まっているのは、新橋－横浜間の日本最初の鉄道開業に合わせて、イギリスから輸入された10両の蒸気機関車のうちのひとつ、「１５０形式蒸気機関車」である。

機関車の後ろにつながれた客車に目をやると、屋根の上に人影が見え、一瞬ぎょっとする。黒い帽子をかぶった人が、片膝をついて座り、何かをしているようだ。よく見ると、それは人ではなく、人形だとわかる。

それは駅夫の姿だった。彼は手に灯油ランプを持っており、夕刻の発車に備え、客車の

客車の屋根上でランプを挿入する駅夫（人形）

天井に吊るすために、そのランプを屋根の上から挿入しているところなのだ

陸上交通を人馬に頼るしかなかった江戸時代末期（1840年代後半～1850年代前半）にオランダ、ロシア、アメリカなどから「鉄道」が伝えられ、幕府の要人たちが大きな関心を寄せはじめてから、日本の鉄道建設は急ピッチで進められた。

日本人が「鉄道」の存在を知ってから、鉄道創業が実現するまでの期間は、たかだか20～30年である。

開業時、機関車の平均速度は時速32・6kmだったが、見物人には、それが「猛スピード」に思われたといわれている。鉄道という新しい「文明」は、ほとんどの日本人にとっては「驚異」であったに違いない。

12 重文指定の「1号機関車」という呼び名はどこからきた？

「ヒストリーゾーン」の入口近くにつくられた新橋駅に停車中の機関車は、「1号機関車」の名で親しまれ、交通博物館にも展示されていたものだ。重要文化財、鉄道記念物にも指定されており、日本の鉄道史上、最も重要な「遺産」といっても過言ではない。

1号機関車は、イギリスのバルカン・ファウンドリー社で、1871（明治4）年に製造された。当時、日本には機関車を製造する技術がなかったため、鉄道開業に合わせて、イギリスのメーカーに発注したのだ。

発注された機関車は全部で10両だが、これをイギリスの5つのメーカーが請け負った。ただし、バルカン・ファウンドリー社の機関車はこの1両のみで、残りは、シャープ・スチュワート社（2号～5号の4両）、エイボンサイド・エンジン社（6、7号の2両）、ダブス社（8、9号の2両）、ヨークシャー・エンジン社（10号）という内訳になっている。

各機関車に「1」から「10」までの番号がつけられたが、これが「○号機関車」という呼び名のよりどころとなった。1号機関車は、単に、最初に日本に陸揚げされ、完成検査を受けたため、「1」という番号が振られたにすぎない。「2号」以降も、同様にして振ら

1号機関車（重要文化財・鉄道記念物）

車体側面の「1」の下には明治30年代当時の形式を表す「A1」の文字もある

れた番号だ。

ところで、1号機関車は、ずっと「1号」だったわけではない。

1894（明治27）年には、車両形式「E形」と分類され、1898（明治31）年には「A1形式」と改められ、さらに、1909（明治42）年に、車両形式が一括改正された際に、「150形」となった。

「1号」という栄えある名前とは裏腹に、1号機関車の実績は芳《かんば》しくなかったといわれている。鉄道開通と同時に、新橋–横浜間の運行に使用されたが、不調が多く、同時期に輸入された他社の機関車と比べ、走行距離は半分にも及ばなかった。8年間、この区間で頑張ったものの、1880（明治13）年に、神戸地区へ転用された。

13 1号機関車に貼られた「惜別感無量」のプレートの秘密

鉄道開業と同時に華々しくデビューした1号機関車だが、実績は振るわず、8年間京浜地区で使用されたあと、神戸地区へ異動、さらに、1884(明治17)年に、車両は大改造された。煙突を太くしたり、ボイラーの位置を高くしたり、蒸気ドームも大きくして、煙突に近い前側に移動させたりした。つまり、現在展示されている1号機関車は、製造当時の姿ではなく、改造後のものなのだ。

改造後の1号機関車は、もう表舞台で活躍することはなかった。大阪地区で、駅や機関区での入れ替え専用の機関車として細々と働いていたのだ。そして、1911(明治44)年、ついに、長崎県の島原鉄道の開業と合わせて、払い下げられることになった。

島原鉄道でも、この機関車には「1号」の名を施し、客貨両用で使用されたが、ここでも、車体にはさまざまな手が加えられた。正面の煙室扉にクランプ金具を取りつけたり、車輪の空転を防ぐために軌道に砂をまく砂箱の位置をつけ替えたり、蒸気ドームの覆いを円筒形のものに交換したりした。

しかし、こうして数奇な運命をたどった1号機関車に、ある転機が訪れる。

島原鉄道の創業者・植木元太郎自筆のプレート

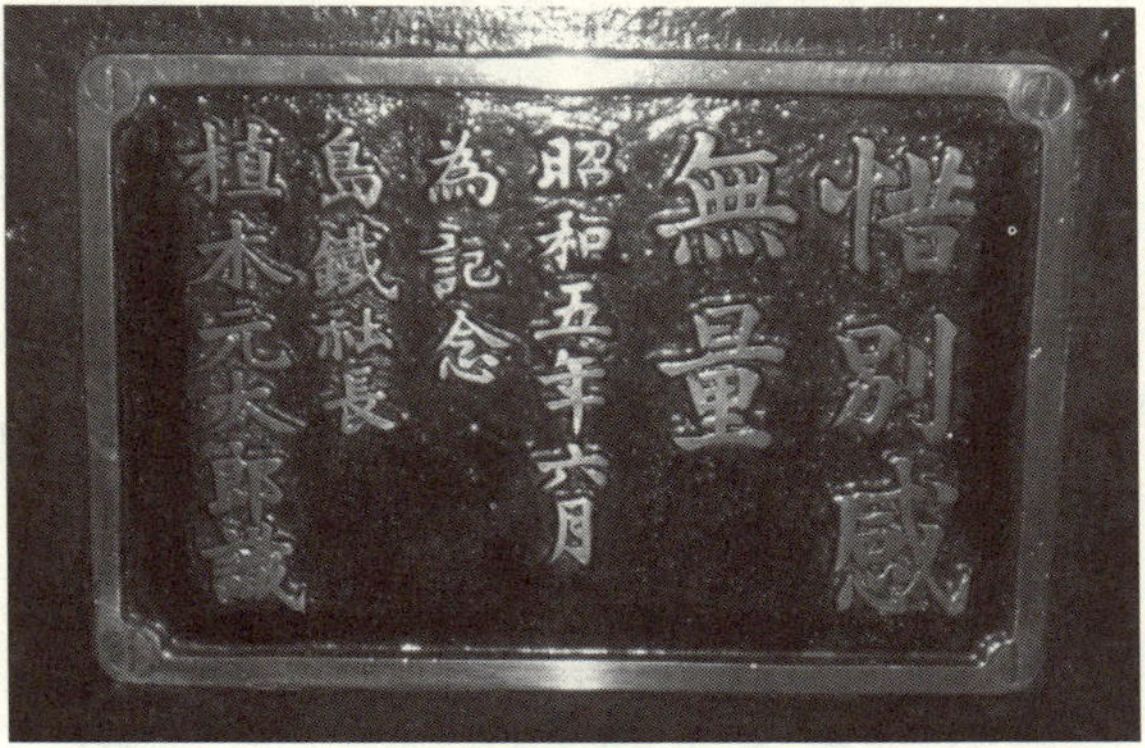

1921（大正10）年に開設された旧・鉄道博物館の資料充実を図るため、1号機関車の保存展示の企画が持ち上がった。また、鉄道記者をしていた青木槐三によって、貴重な1号機関車を保存しようとする運動も起こり、1号機関車は1930（昭和5）年、旧・国鉄に返還されることになったのだ。

島原鉄道の創業者であった社長・植木元太郎は、ことのほか思い入れの強かった1号機関車を手放すにあたり、創業期の功績を称えるとともに、感謝の気持ちを表わすために「惜別感無量」と書いた自筆の文字をプレートにし、車体のタンク側面に取りつけた。

同年7月3日、1号機関車は諫早駅で盛大なセレモニーを催され、見送られたのであった。

14 「1292」のプレートが映える機関車「善光号」命名の謎

「1号機関車」の後方には、赤地に金色で「1292」の数字が施されたプレートを正面の煙室扉につけた機関車が見える。

これが、通称「善光号」の名で親しまれている「1290形式蒸気機関車」だ。1号機関車の製造年から遅れること10年、1881（明治14）年に、イギリスのマニング・ワールド社で製造され、同年、輸入された。

当時、明治政府は鉄道網の早期拡大を目指しており、民間資本による鉄道建設も認めていた。「1290形式蒸気機関車」は、日本の民間鉄道として初めて設立された「日本鉄道」の上野－熊谷間（現在のJR高崎線）の建設工事用に、資材や土石を運搬する目的で輸入された機関車だ。この機関車がなぜ「善光号」と呼ばれたのか。

「善光号」は、製造された翌年の1882（明治15）年、横浜港にたどり着いた。そこから船で、さらに東京湾を通り、隅田川を上って荒川へと入り、現在の埼玉県川口市にある善光寺の裏手付近で陸揚げされた。これが命名の由来となった。一説には、「善光号」をのせて荒川を通っていた船が、機関車の重みのため、この善光寺付近で沈没したため、善光

「善光号」こと「1290形式蒸気機関車」

寺の檀家の人たちが総出で機関車の引き揚げを手伝ったとも伝えられている。
「善光寺」と聞いて、長野県長野市の善光寺を思い浮かべる人も少なくないだろう。
長野市の信州善光寺は、1400年の歴史をもつ無宗派の寺院として知られるが、この「善光寺信仰」は時代を超えて日本各地に広がり、現在、「善光寺」を正式寺名とする寺院は119カ寺もある。川口市の善光寺もその信仰を受け継ぐ末寺のひとつだ。
「善光号」は、1923（大正12）年に廃車となるが、この命名の由来もあって、東京鉄道教習所に20年近く保管され、1942（昭和17）年に、旧鉄道博物館の所蔵となった。「善光号」の愛称がなければ、今、その姿を見ることもできなかったかもしれない。

15 不完全な仮設線路の上でも走れた「善光号」のヒミツ

「善光号」こと「1290形式蒸気機関車」は、鉄道の建設工事用に輸入された機関車である。その主な役割は、工事に使われる土石や資材などを積載し、運搬することだ。展示室で見てもおわかりのように、「善光号」は他の機関車と比べると「小柄」だ。

「1号機関車」こと「150形式蒸気機関車」と比較してみると、「1号機関車」が全長7・417m、全高3・569m、動輪直径1・321mであるのに対し、「善光号」は全長6・991m、全高3・150m、動輪直径0・991mである。

しかし、小さな体とは裏腹に、そのタフさは頼もしいかぎりだ。建設工事中の不完全な仮設線路を、重たい資材を背に走り、その役割を果たしてきたのだ。

その秘訣は、「軸重《じくじゅう》」にある。軸重とは、1本の車輪軸にかかる重量のことだ。動輪の軸重が大きければ大きいほど、駆動力・牽引力は強くなるが、あまり大きくなると、動輪を支える線路が重みに耐えかねて破壊されてしまう。そのため、日本の鉄道では、路線ごとに「軸重制限」が設けられており、現在、JRの幹線では最大16t、その他の路線では13tと定められている。

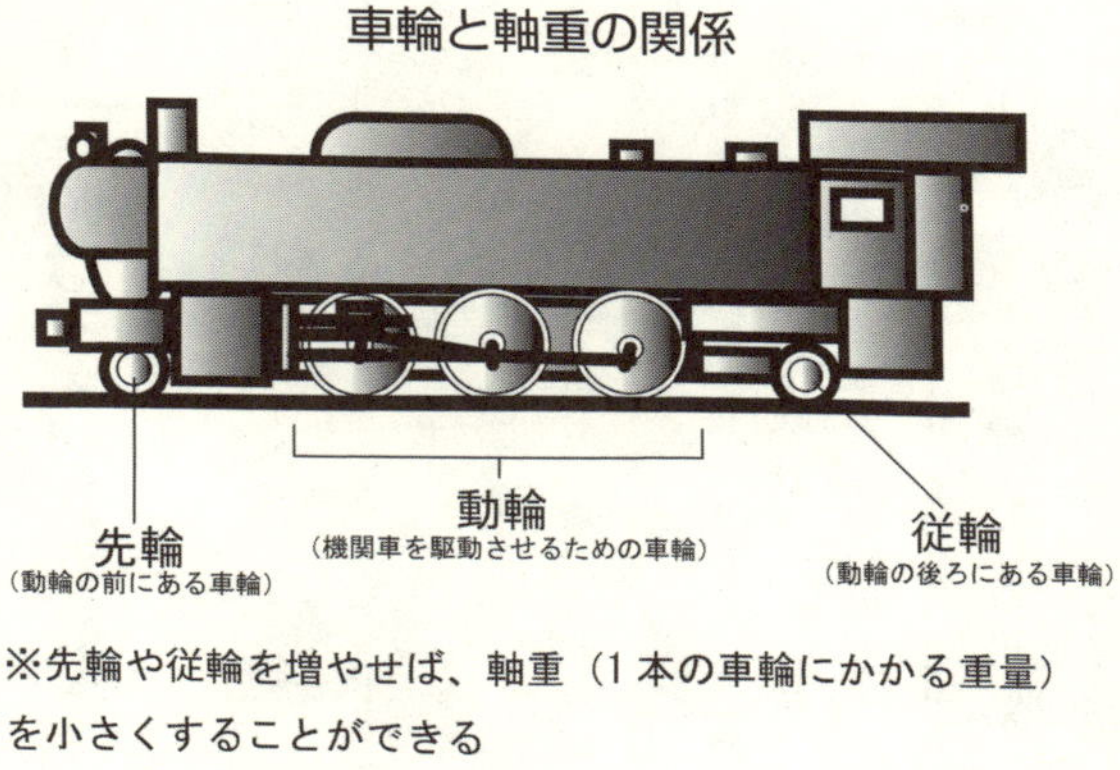

※先輪や従輪を増やせば、軸重（1本の車輪にかかる重量）を小さくすることができる

仮設線路や、地方の簡易線規格の路線を走る機関車では、この軸重をいかに小さく抑えるかが重要なポイントとなる。軸重を減らす最も簡単な方法は、車輪の数を増やすこと。一般的に、機関車の動輪の前後には小さめサイズの「先輪」や「従輪」が設けられているが、これは、車軸を増やして、1本当たりの軸重を分散させているのだ。

さて、「善光号」の軸重だが、なんと、現行の制限値の半分以下にあたる、6t。

この軸重の軽さのおかげで、不安定な仮設線路をものともせず走ることができたのだ。首都圏近辺で工事用として活躍した「善光号」は、その後、日本鉄道国有化（1906年）を経て、田端機関庫（東京）で入替用として使用されたあと、廃車となった。

16 本州はイギリス式、北海道はアメリカ式、九州はドイツ式って？

草創期の日本の鉄道は、イギリスのそれをモデルとしていたため、蒸気機関車の輸入先も専《もっぱ》らイギリスに頼っていた。しかし、1869（明治2）年に、「北海道開拓使」を設置し、北海道の開発を進めることを急務としていた明治政府は、開拓が盛んに行なわれていたアメリカの技術を手本とすることにした。

1878（明治11）年、埋蔵量の多い炭田のある幌内で石炭を掘り出し、それを小樽港へ運ぶための鉄道を敷設する計画が承認され、翌年、アメリカから鉄道技師のジョセフ・U・クロフォードが招かれた。そして、1880（明治13）年1月に建設工事が着工されてから10カ月後に、小樽の手宮から札幌までの約35・9kmが開通したのだ。これが、北海道初の鉄道となる幌内鉄道だ。

アメリカ式を手本とした幌内鉄道では、機関車もアメリカから輸入することになった。1880年から4年間にわたり、計8両の蒸気機関車が輸入された。アメリカでは、機関車に人名のような名前をつける習慣があり、これら8両にも、それぞれ名前がつけられた。「名づけ親」は、機関車の輸入に関わった当時のニューヨーク総領事・高木三郎、車体につけるプレートの文字を書いたのは、開拓使長官の黒田清隆と伝えられている。１号機から順に、「義経」「弁慶」「比羅夫」「光圀」「信広」「しづか」(静)と命名されたが、最後の２両は無名だったらしい。

義経や弁慶の名前がつけられたのは、源頼朝の命を受けて攻めてきた藤原泰衡から、義経らが北海道まで逃げのびたとされる伝説にちなんだものといわれている。鉄道博物館で見られるのは、このうち「弁慶号」のみだ。ちなみに、「義経号」は交通科学博物館(大阪府大阪市)、「しづか号」は地元の小樽市総合博物館(北海道小樽市)に展示されている。

ところで、京浜間や阪神間など、本州の鉄道の開発はイギリスが手本とされ、北海道の鉄道開発はアメリカが手本とされたが、九州の鉄道開発はどの国をモデルとして発展したか、ご存知だろうか。１８８０年代、九州でも、各県が地元への鉄道敷設を熱望していた。

そして、１８８８(明治21)年、福岡、佐賀、熊本、長崎の４県によって九州鉄道会社が設立される。同社の初代社長となった高橋新吉は、ニューヨーク領事を経験したこともあり、国際事情に精通していた。彼が目をつけたのは、当時、鉄道先進国のイギリスの技術を上回るとされた最新鋭のドイツの存在だ。

こうして、九州鉄道は、本州や北海道と対抗するかのように、ドイツ式をモデルとしてスタートした。

17 「義経号」と思われていた機関車は、実は「弁慶号」だった！

「弁慶号」は、イギリス製とは趣の異なる、いかにもアメリカらしい蒸気機関車だ。博物館のなかでは、ぜひ、隣に展示されている「1号機関車」と、その外観を比較して見てほしい。

煙突の形は、「ダイヤモンドスタック」と呼ばれる、火の粉が飛散しないようにする装置が取りつけられた、中央部分が太くなった独特のスタイルだ。機関車の先頭には、走行中に牛などと衝突した際、機関車を脱線させず、牛も傷つけないように考慮された「カウキャッチャー」が取りつけられている。このほか、煙突前面の大型ヘッドライトや、市街地を走行するときに鳴らすための警鐘（ベル）も備えられている。

また、当時最新鋭だったエアブレーキも、アメリカ製機関車ならではの技術だった。

幌内鉄道が国有化されたのち、弁慶号は他の7両とともに、「7100形式蒸気機関車」の名称で統一され、「7100号機」から「7107号機」と改番された。しかし、このとき、混乱が起きた。

改番後、「義経号」は「7101号機」に、「弁慶号」は「7105号機」になったと思

アメリカンスタイルの代表格「弁慶号」

いこまれていた。「義経号」は、1881(明治14)年、明治天皇が北海道を巡幸する際に、「御召列車」の牽引役を務めた歴史もあり、旧鉄道博物館が1922(大正11)年、その展示を計画し、翌年、札幌から東京へ移送されたのだ

1936(昭和11)年、大宮工場(現在の大宮総合車両センター)で、原形に復元しようとされていた、まさにそのとき、ある鉄道ファンが、綿密な調査のもと、「7101号機」は「義経号」ではなく、「弁慶号」であるという報告を大宮工場に出した。時代を経て、「義経号」と「弁慶号」はいつのまにか取り違えられていたのだ。しかし、この取り違えの歴史を越えて、めでたく「7101号機」は「弁慶号」として、復元された。

18 「義経号」と「しづか号」を再会させた粋《いき》なはからいとは？

「義経号」と思われていた「７１０１号機」が、実は「弁慶号」と判明したあと、本物の「義経号」探しが始まった。「義経号」は「７１０５号機」だ。これは、大阪の梅鉢鉄工所で入れ替え用に使用されていることがわかり、保存・展示のため、１９５２(昭和27)年、鉄道開通80周年を記念して、神戸市の旧国鉄鷹取工場で復元されることになった。

さて、「義経」といえば、気になるのが、その愛妾、静御前だ。源平合戦後、源義経が兄の頼朝と対立し、追われる身となってからも彼を慕いつづけるが、吉野山でふたりは別れ、以後、静御前は、頼朝勢によって捕らえられ、鎌倉に送られた。その後、京に帰されたが、その後の消息は不明だ。

義経も吉野山で静御前と別れたあとは、身をやつして逃亡を続けたと伝えられており、ふたりの再会はかなわなかっただろう。

では、せめて機関車の「義経」と「静」を引き合わせてあげようと、「義経号」と「しづか号」の「再会イベント」が何度か実施されている。

「しづか号」は「７１０６号機」で、北海道の日本製鋼所で入れ替え用として使用されていた。これも、「義経号」と同じく、鉄道開通80周年記念事業として、北海道の旧国鉄苗穂工場で復元された。

大阪の交通科学博物館に保存されている「義経号」と、北海道の小樽市総合博物館に保存されている「しづか号」は、1952（昭和27）年に山手線原宿駅構内で行なわれた国鉄80周年記念行事で初めて再会を果したあと、1968（昭和43）年に北海道拓殖100周年行事で、さらに、1980（昭和55）年に北海道鉄道開通100周年記念行事で、そして、2002（平成14）年に小樽市制80周年記念行事で、いずれも北海道内で再会している。

19 北海道の「開拓使号」客車にのみ施された超高級仕様とは？

1880（明治13）年に、北海道初の鉄道として開通した幌内鉄道は、1882（明治15）年に全線（手宮－札幌－幌内）が開通した。この開業にともない、アメリカから輸入されたのは機関車だけではない。客車もアメリカのメーカーから調達された。

「義経号」「弁慶号」「しづか号」などの機関車を製造したメーカー（H・K・ポーター社）とは異なる、ハーラン＆ホリングワース社が製造した客車が合計8両輸入された。

8両の内訳は、最上等車（1等車）1両、上等車（2等車）2両、上等荷物合造車2両、中

等車（3等車）3両だ。このうち、鉄道博物館に展示されているのは、最上等車で、当時、「1号客車」と呼ばれていた高級客車だ。開拓使長官や視察に訪れる政府高官の専用車両として使われたもので、特別な1両だったのだ

なんといっても目立つのは、車体側面に大きく、力強く書かれた「開拓使」の文字だ。これにより、「開拓使号」との愛称で呼ばれるようになった。この縦書きの日本語の文字を除けば、その姿は、まさに『西部開拓史』の世界から抜け出してきたような外観だ。客車の外装には「RAILWAY OF HOKKAIDO」の文字も見られる。

車体は、2軸のバネつき木製台車を用いた「ボギー車」と呼ばれるスタイルだ。ボギー車とは、「ボギー台車」という、左右に首が振れる台車を車体下に取りつけた車両のことだ（長い車体の車両の曲線通過をスムーズにするもの）。車体の屋根は「モニター屋根」という二重屋根で、排気口のついたオイルランプが取りつけられ、窓は上昇式の開閉窓、出入り口のドアには、デッキが設けられている。

こうした仕様は、他の7両にも共通していたが、最上等車の「開拓使号」には、特別な「高級仕様」が施されている。

車内には、赤いモケット（厚手のビロード状の毛織物）に覆われた「転換式クロスシート」が22脚並んでいる。「転換式クロスシート」とは、シートの背もたれ部分を座面上で反転

開拓時代のアメリカンスタイルを漂わせる「開拓使号」

させることで、常に進行方向に向いて座れるように工夫されたシートのことだ。現代の特急列車や新幹線では馴染みのシートだが、当時としては、きわめて珍しかった。シートの肘掛けもニッケルめっきの金属製で、見るからに豪華な造りだ。

また、車内に設置されたトイレは水洗式の洋式で、これも、明治期の日本では相当目新しかった。

さらに、極寒の北海道を走る客車に必要な暖房も万全だった。なんと、車内に石炭ストーブも置かれていたのだ。ただし、展示されている「開拓使号」の車内を覗いても、ストーブは見えない。

煙突の穴のみを残し、撤去されてしまったそうだ。

20 明治天皇の北海道巡幸で「1号御料車」が使われなかった理由は?

「超」がつくほどの高級仕様を備えた「開拓使号」が、日本にやってきた翌年の1881（明治14）年、「大役」を仰せつかることになる。

時代が江戸から明治へと移り、明治天皇はその権威を全国に知らしめるため、100回以上の巡幸を成し遂げたといわれているが、1881年の北海道行幸の際、「御料車」のかわりに使われたのが「開拓使号」だった。

しかし、このとき、すでに「1号御料車」（94～95ページ参照）は完成していた（製造年1876〈明治9〉年）。なぜ明治天皇の北海道巡幸に「1号御料車」は使われず、「開拓使号」に白羽の矢が立ったのか。

答えは簡単。当時、関東地方と北海道には鉄道が通っていたが、その中間点にある東北地方には線路が敷かれていなかったからだ。列車が使えない長距離の移動に用いられていたのは「馬車」だ。

この巡幸で、明治天皇は7月30日に東京を出発され、陸路を馬車で北上し、8月27日にようやく青森に到着された。

2日後の8月29日、青森港から軍艦扶桑に乗り、翌日小樽港の手宮鉄道桟橋に着き、少し休憩をとられただけで、同日の夕刻18時40分に、手宮停車場から、この「開拓使号」に乗車された。そして、21時10分に札幌停車場に到着されたのだ。このときの「お召し列車」の編成は、牽引役となった「義経号」を先頭車とし、これに、中等車－中等車－上等車－上等車－「開拓使号」（御料車代役）－上等車－上等車－荷物車－荷物車と続いたそうだ。

「開拓使号」がいかに豪華な内装と高級仕様により、「御料車」の代役を十二分に務めたとしても、そこまでに至る、片道1カ月の長旅は、明治天皇にも、おつきの人たちにもこたえたのではないだろうか。

何日も馬車に揺られ、軍艦で海を渡った先での、わずか2時間半の汽車の旅……。高級客車の乗り心地を明治天皇はどのように感じられたのか、その真相を伝える記述は、残念ながら残されていない。

21 明治の初め、輸入していないはずの「3等客車」はどこからきた？

「高級客車」の次は、庶民向け客車の話だ。

1872（明治5）年に、新橋－横浜間で初めて鉄道が開通した当時、機関車とともに輸入されてきたのはイギリス製の客車だった。「1号機関車」に連結されている客車は、その典型的なものだ。ただし、これは、鉄道省『日本鉄道史』(1921年刊)に掲載されている「最古客車図」に基づいて再現された、実物大の模造品だ。

鉄道開業当初、イギリスから輸入された客車は全部で58両もあった。すべて、イギリスのメトロポリタン社製のもので、上等車(1等車)10両、中等車(2等車)40両、荷物緩急車8両という内訳だった。

しかし、展示されている客車を見ると、車体の側面には「THIRD CLASS 下等」の文字が見える。輸入した客車のなかに、「下等車」(3等車)はないのに、なぜ、当時、下等車が存在していたのだろうか。

実は、この下等車、輸入された中等車を改造したものなのだ。全40両のうち、26両が下等車に改造された。それというのも、その26両は、完成した客車の形で輸送されてこなかったからだ。

これらの車両は、完全に組み立てられない形で、一部は部品のままで届けられた。最終的な組み立ては、新橋工場(のちの大井工場)で行なわれたが、その際、使い勝手をよくするため、手が加えられたのだ。その結果、2等車から3等車へ、ランクをひとつ落としたのは、内装などが簡素化されたためだろうか。

「下等」とは名ばかりの風情ある客車

しかし、なかなかどうして、「下等」の名に反して、ゆとりのある造りだ。車内は、イギリス型の「区分室」を採用したもので、車内を複数の部屋に分け、部屋ごとに取りつけられたドアから乗降できるようになっている。区分された部屋には4～5人掛けの長いすが、向かい合わせの形で車体幅いっぱいに備えつけられており、車内を通り抜けられる通路はない。

展示されている客車にはマネキンの乗客がゆったりと座っているが、そこには、「汽車の旅を楽しむ」風情すら感じられる。これが「下等車」なら、現代人が日常利用している、あの通勤列車は何等車になるのか？ 吊革も手すりもない客車に「下等」の文字を記した時代がうらめしい。

22 下等客車の窓ガラスに引かれた白線の意味は?

下等客車に取りつけられた縦長の窓ガラスにも注目してほしい。その中央部分に、白線が引かれているのがわかる。この白線は何のために引かれているのかご存知だろうか。

鉄道開業当時の明治初期、日本ではまだ、ガラスが普及していなかった。明治政府が工部省の経営によりガラスの製造所を設立したのは1876(明治9)年のことだ。それでも板ガラスの製造技術はまだまだ未熟で、国内でガラスの製造ができるようになったのは明治末期であり、それ以後もしばらくは、輸入品が主流であった。

そうした時代に、鉄道を利用した一般乗客にとって、客車にはめこまれている窓ガラスは、めずらしい代物であった。透けて向こうが見えることから、うっかりガラスがそこにあることを忘れてしまう乗客も少なからずおり、顔を出そうとしてガラスに頭をぶつけるトラブルが相次いだという。そこで、透明に見える窓枠にガラスがあることを、常に乗客が確認できるように、わざわざ白線を引いたというわけだ。

板ガラスの国産化が進み、一般住宅にもガラス窓が普及するようになるのは、時代がずっと下り、昭和に入ってからのことだった。

23 幕末に黒船で持ちこまれた蒸気機関車があるってホント？

「ヒストリーゾーン」には、実物車両もさることながら、模型車両も充実している。ここでは、「鉄道開業前夜」とも呼べる、江戸時代末期に日本人を「虜《とりこ》」にした蒸気機関車を紹介しよう。

日米和親条約を締結するために、鎖国時代の日本に上陸したことで知られる、アメリカのペリー提督は、１８５４（嘉永７）年、現在の横浜市金沢沖に2度めの来航を果たした。このとき、彼は、時の将軍、徳川家定公に33の献上品を黒船に積んでいたといわれている。有線電信機、時計、望遠鏡、小銃、天秤等々のなかに混じり、その最大の「目玉」として用意されたのが、蒸気機関車の模型だった。

「模型」だからといって、侮《あなど》ることなかれ。それはミニチュアではなく、実際に蒸気を動力にして動き、人を乗せて走ることもできた模型機関車だったのだ。ペリーが献上した模型機関車は、横浜港から陸揚げされ、幕府の横浜応接所裏の麦畑に特設された、１周１１０ｍの円状軌道を時速約32㎞で走った。

ペリーの模型蒸気機関車に乗車したのは、幕府の役人たちだったが、この役人たちこそ

ペリーが献上した模型蒸気機関車（複製・縮尺1/4）

が、国内で初めて蒸気機関車に乗った日本人だったのだ

このときの様子を、黒船艦隊の随行員が、のちに『ペリー提督日本遠征記』に記しているが、そこには、「客車の屋根にまたがった幕府の役人が、振り落とされまいと必死で客車にしがみついていた」といった内容が書かれている。

高速で疾走する模型蒸気機関車に「驚異」だけではなく、「脅威」すら感じた江戸幕府が、その後の交渉で、アメリカに道を譲ったことは歴史のとおりだ。日本開国の「立役者」ともなった模型蒸気機関車は、その後、焼失してしまい、実物は残されていない。鉄道博物館で見られるのは、その実物の4分の1サイズの複製だ。

24 江戸時代に日本でつくられた蒸気機関車が現存！

ペリーから献上された模型蒸気機関車は現存していないが、実は、江戸時代に、なんと日本国内でつくられた模型蒸気機関車の実物が今もそのまま残されているのをご存知だろうか。

時は、ペリーが模型蒸気機関車を献上した半年前の1853（嘉永6）年8月。この頃、長崎港に入港した、プチャーチン率いるロシア艦隊も模型蒸気機関車を載せており、これを「艦上公開」していたのだ。蒸気機関車という「文明の象徴」を見せつけることで、幕府の役人を圧倒し、開国を迫ろうとする目的はアメリカと同じだった。

佐賀藩は当時、秘密裏に軍備拡張を進めており、鋳造・冶金・薬品などの総合技術研究として「佐賀藩精錬方」を組織し、日本じゅうから優秀な技術者を集めていた。この「精錬方」を代表する本島藤太夫や中村奇輔も、ロシア艦隊における模型蒸気機関車の艦上公開の場に同席していた。

彼らは、これを見学した翌日、時の藩主・鍋島直正に蒸気機関車の模型を製作したいと申し出、すぐに許可を得たという。

佐賀藩の蒸気車雛形（複製・実物大）

たった1日の見学で得られた情報・記憶をもとに、佐賀藩精錬方の技術者たちは、蒸気機関車の開発・試作にあたったのだ。

そうして、1855（安政2）年、ついに、ロシア艦隊が持参したものと、そっくりの蒸気機関車の模型を完成させることができたのだ。

全長39・8㎝、高さ31・5㎝、車体幅14・0㎝と、大きさこそ小さいが、アルコールを焚いて自走できる、立派な日本初の蒸気動力による車両だ。

この150年以上前につくられた模型機関車は、地元の佐賀県立博物館に実物が保存されている。

鉄道博物館では、その実物から採寸して製作された複製模型を見ることができる。

25 最初の鉄道記念物「0哩《マイル》ポスト」の有為転変

鉄道の歴史を語るうえで重要なのは、「車両」ばかりではない。鉄道博物館では、ぜひ、車両以外の展示物にも目を向けてほしい。線路脇でときどき見かける「標識」もそのひとつだ。「ヒストリーゾーン」には、いくつかの標識が展示してあるが、なかでも、1958（昭和33）年、最初の「鉄道記念物」（31ページ参照）に指定された、価値ある標識が目を引く。それが、「0哩《マイル》ポスト」だ。

1870（明治3）年3月25日、日本の鉄道開業に先立って測量が行なわれた際、最初に杭が打ちこまれた記念すべき標識だ。開業路線の新橋－横浜間の起点となる、新橋駅列車ホームの末端に存在した。

このような標識を鉄道用語では「距離標」という。距離標には、路線の起点となる地点（駅）を0（ゼロ）とし、そこから線路の終点に向かって1kmごとに立てられる標識（Ⅰ号距離標＝キロポスト）、500mごとに立てられる標識（Ⅱ号距離標）、100mごとに立てられる標識（Ⅲ号距離標）の3種類がある。

距離標は、起点から終点に向かって線路の左側に立てるよう定められている。

距離標がなぜ必要なのかといえば、運賃や運転時間を計算する際、ある区間が何kmあるのかを正確に測らなければならないからだ。こうして測られた正確な距離をもとに、すべての路線には、「○○線△△駅－□□駅◇◇km」という「戸籍」がつくられてある。この「戸籍」に基づいて、運賃料金や運転時間が導き出されているのだ。

さて、では話を「0哩ポスト」に戻そう。

現在では、「キロポスト」が用いられているが、鉄道創業当時は、イギリスにならい、マイル制がとられていた。記念すべき、第1号距離標が「キロポスト」ではなく、「マイルポスト」である所以《ゆえん》だ。

「日本の鉄道発祥の地」の象徴ともいうべき「0哩ポスト」が、長い歴史のなかで、常に尊重されてきたわけではない。1914(大正3)年に東京駅が開業すると、新橋駅は汐留駅に名前が変わり、貨物駅となった。そして、年月の経過とともに、最初に杭が打たれた位置もよくわからなくなってしまったのだ。

昭和に入ってから、鉄道発祥の地をきちんと保存しようという運動が起こり、「0哩ポスト」が立てられた地点がどこだったかを探そうと苦労したが、なかなか判明せず、ようやく1936(昭和11)年に、正確な位置を探し当てることができた。そして、そこに復元させた「0哩ポスト」を立てたのだ。

鉄道開業時の起点となった「０哩ポスト」

その復元されたものが、鉄道博物館に展示されているポストだ。

せっかく正確な地点を探し当ててポストを立てたのに、博物館の展示物として持ち出してしまってもよいのか、と心配したくなる。しかし、案ずることはない。正確な起点には、再現された、もうひとつの「０哩ポスト」が立てられている。

貨物輸送の拠点だった汐留駅が１９３６（昭和11）年に廃止されたのち、駅跡は再開発され、現在は、開業当時の「新橋停車場」が忠実に復元されている。その敷地内に、「０哩ポスト」と創業時の線路３ｍも再現されてあるのだ。当時の遺構を偲《しの》びたいなら、ぜひ、旧新橋停車場にも足を運ぶことをおすすめする。

26 創業時に使われた、2つの「頭」をもつレールの謎

鉄道の主役が「車両」だとするならば、その脇役は「線路」(レール)といえるのではないだろうか。いかに立派な車両であっても、線路がなければ走れない。鉄道をまさに「下」から支えているのは、「線路」だ。

「ヒストリーゾーン」の展示車両の下には、創業時の「軌道」(線路、枕木などのこと)も再現されている。この頃使われていたレールは、イギリスから輸入された「双頭レール」(double head rail)と呼ばれるものだ。「双頭」つまり、2つの頭をもつとはどういうことかというと、レールの頭部(車輪が接する部分)の形状と、底部(枕木側に面した部分)の形状が全く同じレールということだ。

これは、倹約好きのイギリス人らしい発想で、頭部が摩耗したら、ひっくり返して底部を上にし、再利用しようというアイデアのものだった。しかし、現実には、再利用は難しかったとみられる。底部も列車の重みがかかったり、風雨にさらされ、敷石との接触も多く、破損や腐食を免れることはできなかった。頭部がすり減った頃には、底部も相当傷んでおり、再利用どころではなかったのだ。こうして、双頭レールは姿を消した。

27 100年後も現存、日本最古の電車車両の数奇な運命

1872（明治5）年に、新橋－横浜間で日本初の鉄道が開通して以来、官設・民設による鉄道路線網が急ピッチで進められ、日本も近代化の波に乗りはじめた。1889（明治22）年には、新宿と八王子を結ぶ私設鉄道として、「甲武鉄道」（現在のJR中央線の前身）が開業した。

甲武鉄道は、当初は、蒸気機関車による運転を行なっていたが、1904（明治37）年、全国に先駆けて、電車運転を開始した。同年8月21日、飯田町（現在の飯田橋付近）－中野間の電化が実現し、これが日本の電車の始まりだ。

これよりも先に、1890（明治23）年、第3回内国勧業博覧会（上野）で、日本初の電車車両が展示されたが、これはそのまま実用に供されることはなく、1895（明治28）年、日本初の電気鉄道となる京都の路面電車で実用化されることになった。ただし、これは道路上のこと。鉄道の線路上を走る電車の第1号となったのは、甲武鉄道が採用した、木製の小型（全長9・5m、高さ3・493m、車体幅2・375m）の2軸車（車輪軸が2本ある車両）だ。

その電化創業期の車両が、100年近い年月を経て、今なお存在している。その名も「ハニフ1形式」(デ963形式電車)客車だ。当初、鉄道博物館に所蔵される予定ではなかったが、2006(平成18)年12月、これを保存していた松本電鉄(長野県松本市)が、博物館に寄贈すると公表した。

「ハニフ1形式」電車は、1904年に甲武鉄道の飯田町工場でつくられた。モーターや制御装置、台車などをアメリカのメーカーから輸入し、自社工場で製造した木製の車体に組みこんで完成させた。

しかし、時代は日露戦争(1904~1905)まっただなかだ。軍事輸送への活用などを見越して、鉄道の国有化を望む気運が高まり、1906(明治39)年3月、「鉄道国有法」が公布され、主要な私設鉄道17社が国に買収された。このとき、甲武鉄道も国有化され、「ハニフ1形式」電車を含む28両の電車も、国鉄のものとなった。

ちなみに、国鉄が自前の電車を製造するのは、3年後の1909(明治42)年だ。「ハニフ1形式」電車は、当時、電化されていた御茶ノ水-中野間を運行することとなり、これが国鉄初の電車運転区間となった。

「ハニフ1形式」電車は1915(大正4)年まで活躍したが、同年、信濃鉄道(現在のJR大糸線の一部)に払い下げられた。信濃鉄道では、これを客車として利用するため、電装

日本初の鉄道電車「ハニフ1形式客車」

品をすべて取り外した。館内に展示されている「ハニフ1形式」が「電車」ではなく、「客車」なのは、そのためだ。

さらに、1922（大正11）年には、信濃鉄道から、開業間もなかった筑摩鉄道（現在の松本電気鉄道）に払い下げられ、車内の一部は荷物室に改造された。

1948（昭和23）年まで使用されたが、休車となり、1955（昭和30）年に廃車となったのだ。

数奇な運命をたどってきたチョコレート色の木製車体には、時代の重みが感じられるとともに、廃車後、半世紀にもわたって、よく保管されてきたことに感銘すら受ける。鉄道博物館の一角を占めるにふさわしい貴重な車両といえるだろう。

28 100年ほど前、山手線を最初に走った電車はどれ?

今でこそ、山手線は環状運転をしているが、かつてはそうではなかった。山手線の歴史は、上野駅が終点の日本鉄道東北線と、新橋駅が終点だった官設の東海道線を結ぶための路線として、日本鉄道が品川―赤羽間を開業したことに始まる。この区間は日本鉄道品川線と呼ばれた。

その後、1903(明治36)年、日本鉄道の海岸線(現在の常磐線)の終点となる田端駅に接続する路線、日本鉄道豊島線が池袋―田端間につくられた。そして、3年後の1906(明治39)年には、日本鉄道は国有化され、1909(明治42)年、品川線と豊島線を合わせて「山手線」と呼ぶようになったのだ。この「山手線」の改称に合わせて、電車の運行が開始されたのだった。

山手線の電化の際に登場したのが、「ホデ6100形式」と呼ばれる、車体長16mの木製大型車両だ。山手線を最初に走った電車だ。大型車両は、大量輸送が必要とされはじめた時代の要請に応えるものだった。

そして、1911(明治44)年、「ホデ6100形式」のスタイルを受け継ぎながら、通

通勤電車としてつくられた「ナデ6110形式電車」

勤電車向けの改良を加えた「ホデ6110形式」が登場した。これが1913（大正2）年の車両形式称号規程の改正にともない、「ナデ6110形式」と改称されたのだ。

多くの乗客のスムーズな乗降を促すため、扉を前後2カ所から、中央を含めた3カ所に増やし、より多くの乗客が座れるようロングシートも採用されている。1車両の定員が32人だった「ハニフ1形式」に対し、「ナデ6110形式」の定員は92人と3倍近い。

展示されている「ナデ6110形式」電車は、大正時代中頃の仕様となっているが、現代人に馴染み深い吊革も見られ、いかにも「通勤電車」といった趣きだ。電車が庶民の「足」となりつつあったことを感じさせてくれる。

29 難所・箱根を越えるスタミナ抜群の蒸気機関車とは？

正月の恒例イベントとなっている「東京箱根間往復大学駅伝競走」で、往路５区は、標高差８６４ｍを時速約20㎞で駆け上がらなければならない、駅伝コース最大の難所だ。選手には相応の脚力とスタミナが要求される。

東海道本線でも、「箱根越え」は無類の難関であった。１８８９（明治22）年、現在の御殿場線にあたる国府津－御殿場－沼津間（東海道本線の一部）が開業した。

しかし、この路線の山北－沼津間には、25‰（パーミル＝坂の勾配を表わす単位、１０００ｍにつき25ｍ登る勾配という意味）の急勾配が連続しており、ここが鉄道輸送上、大きなネックとなっていた。特に、客車よりも重い貨物列車の牽引には相当なパワーが必要とされたのだ。

そこで、こうした問題を解決する目的で、１９１１（明治44）年、試験的に、大きな牽引力をもつことで知られる「マレー式」の蒸気機関車（「９０２０形式」）がアメリカから６両輸入された。さらに、翌年には「９７５０形式」（アメリカ製）が24両、「９８００形式」（アメリカ製）が12両、また、ドイツのヘンシェル＆ゾーン社製の「９８５０形式」も12両

箱根越えで活躍した「9850形式蒸気機関車」

輸入された。

鉄道博物館に展示されているのは、このなかの「9850形式蒸気機関車」だ。

明治時代の強力型蒸気機関車としては、官設鉄道がイギリスから輸入したタンク式蒸気機関車（機関車本体に水、石炭を積載できる種類の機関車）の「2120形式」が知られており、これが3両連結で360tの列車を牽引することができた。これに対し、「9850形式」の牽引力は、2両連結で480tと際立ち、さらに、補助に「2120形式」をつけることで600tを牽引することも可能になった。

こうして、東海道本線の最難所「箱根越え」を無事、成し遂げることができるようになったのだ。

30 最強型蒸気機関車「マレー式」が短命だった理由は？

「箱根越え」のみならず、大量輸送のために客車・貨物車が大型化していった明治後期から大正期にかけて、牽引力のある強力型機関車は、鉄道事業には不可欠だった。そのことが、1911（明治44）～1912（大正元）年にかけて、60両ものマレー式蒸気機関車を輸入するという決断につながった。

しかし、時代の要請であったはずの「マレー式」の生命は、そう長くは続かなかったのだ。

「マレー式」は、フランス人技師、A・マレーが考案した蒸気機関車の形式だ。シリンダー（内部に蒸気が入った筒で、これをピストンで押すことで動力を得、動輪を動かす）と動輪を前後に2組配置してあるため、1組めのシリンダーから排出された蒸気を2組めのシリンダーで再利用できるため、エネルギー効率のよさが特徴となっている。

また、機関車の後位の台枠はボイラーに固定してあるが、前位の台枠は可動式にしてあるため、機関車の中心部分が関節のようになって、折れ曲がる構造になっている。このことから、カーブをスムーズに通過できることもメリットとなっていた。

「マレー式」の複雑な構造がピット内からも見られる

しかし、構造が複雑なため、整備や保守に手間がかかるという難点があった。特に、前後のシリンダーをつなぐ蒸気管から、たびたび蒸気漏れが起こり、これに手を焼いたと伝えられている。

さらに、マレー式蒸気機関車は、先輪（動輪の前にある小型の車輪）がないため、動輪の摩耗が激しく、これも問題となった。

そうしたなか、1913（大正2）年には「9600形式」、1923（大正12）年には「9900形式」（のちの「D50形式」）などの国産貨物用蒸気機関車が登場し、性能面で上回るこれらに取ってかわられることになる。「9850形式蒸気機関車」の寿命は実質10年程度で、1924（大正13）年には廃車となった。

31 日本が誇る初の本格的国産蒸気機関車とは?

「マレー式蒸気機関車」にかわって、東海道本線の箱根越え(山北－沼津間)の補助機関車用として導入されたのは、アメリカ製でも、ドイツ製でもない、日本製の蒸気機関車だった。国鉄の前身である鉄道院が1913(大正2)年に製造した初の本格的国産蒸気機関車、「9600形式」だ。

全部で770両も製造され、国鉄からすべての蒸気機関車が引退することになった最後の日、1976(昭和51)年3月2日まで、本州、北海道、九州のみならず、樺太や中国、台湾などでも活躍した。短命だった「マレー式」とは異なり、鉄道史上に60余年も君臨した、長寿機関車だ。

鉄道博物館に展示されているのは、縮尺15分の1の模型だが、1913年の製造開始当初の形式を忠実に再現したものだ。炭水車(石炭と水を積む専用車)を連結したテンダー式機関車で、石炭や水が大量に積載できることから、長距離走行に有利だったことも、長寿の一因だろう。実物車両は、青梅鉄道公園(東京)、梅小路蒸気機関車館(京都)をはじめ、全国40数カ所で見ることができる。

日本で最も長く活躍した蒸気機関車「9600形式」(模型)

・タンク車……石炭や水の積載量が限られるため、長距離走行には向かないが、軽い。走行距離の短かった明治期には主流だったタイプ

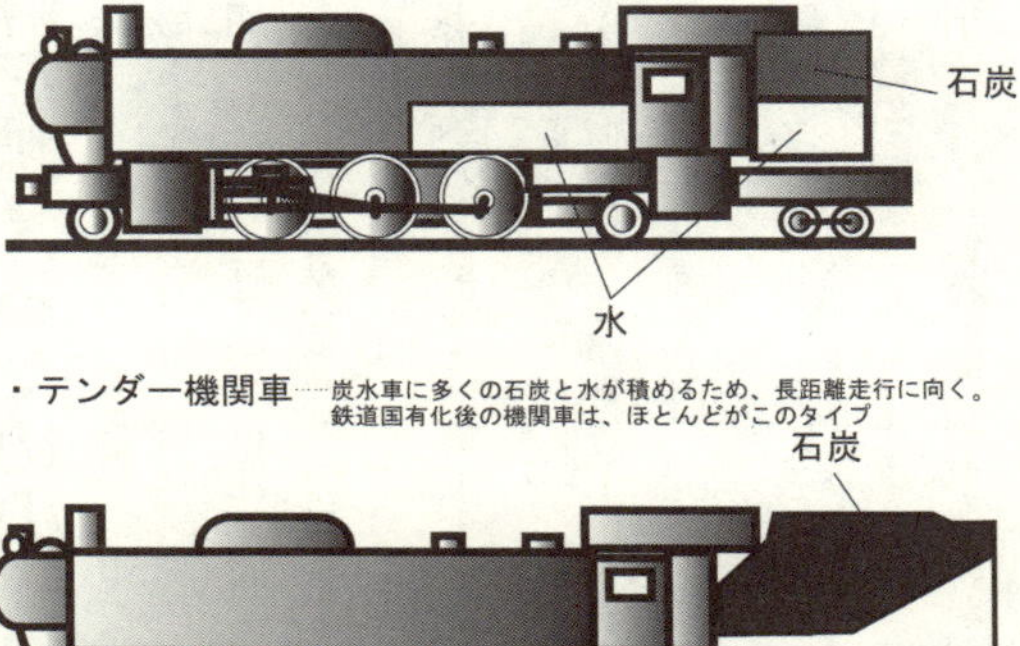

・テンダー機関車……炭水車に多くの石炭と水が積めるため、長距離走行に向く。鉄道国有化後の機関車は、ほとんどがこのタイプ

32 鉄道史上の最難所・碓氷《うすい》峠を越えるための秘策

鉄道の難所は「箱根」だけではない。それに勝るとも劣らない「最難所」が碓氷峠だ。信越方面に向かって、上野－横川間が1885（明治18）年、軽井沢－直江津間が1888（明治21）年に開通していたが、横川－軽井沢間の交通は馬車鉄道（馬が線路の上を走る小型の車両を引っ張る鉄道）に頼っていた。しかし、馬車鉄道の輸送力は小さく、この区間の鉄道路線を一刻も早く開通させ、東京から直接日本海側への大量輸送を実現することが強く求められた。

1891（明治24）年3月、横川－軽井沢間の中山道沿いに、線路敷設工事が着工されたが、地震に見舞われるなど、工事は難航し、1年9カ月後に工事が完了、1893（明治26）年4月に、中山道線（現在の信越本線）として開通した。

しかし、悲願の「峠越え」は一筋縄ではいかなかった。この路線には、最大で66・7‰（1000m進むごとに66・7m登る、または下る）の急勾配があり、平坦なところでは可能な、車輪とレールのあいだに生じる粘着力（摩擦力）だけに依存した列車運転が、安全上、不可能とみられたからだ。

「ラックレール」

アプト式線路に設けられた3枚のラックレールを
少しずつずらすことで、車輪とレールの粘着力をよりアップさせた

そこで、ドイツの山岳路線で実用化されていた「アプト式」と呼ばれる方式が採用された。アプト式とは、2本のレールのあいだにラックレールという、歯車を噛ませるような歯形のついたレールを敷き、そこに、機関車の底部に取りつけられたギアを噛ませて、車輪がレールから外れないように粘着させながら、走行させるものだ。

アプト式を用いることで、安全性の問題はクリアしたが、別の問題が持ち上がった。アプト区間では、蒸気機関車の最高速度が時速9・6㎞しか出せず、1日の運行数が限られたほか、横川‐軽井沢間の11・2㎞には26ものトンネルが設けられていたため、乗務員も乗客も蒸気機関車の煙と煤に苦しめられることになったのだ。

33 碓氷峠を越えるために国産初の本線用電気機関車を開発!

碓氷峠を越える横川−軽井沢間で、乗務員や乗客を悩ませたトンネル走行中の煙と煤は窒息者をも出す深刻な問題となっていた。そこで、この区間ではいち早く電化工事が行なわれることになり、1912(明治45)年、国鉄初の電化区間が誕生したのだ。

この電化にともない、アプト用電気機関車も導入されることになり、ドイツのアルゲマイネ社から、「10000形式電気機関車」(のちの「EC40形式」)が輸入された。これにより、峠越えの速度は時速10km足らずから、一気に時速19・2kmまでアップさせることができるようになったのだ。

しかし、それでもなお、輸送力に物足りなさを覚えていた鉄道院は、峠越えのための電気機関車を国内で製造する計画を進める。当時、国内では大型電気機関車を製造する技術をもったメーカーはなかったため、鉄道員自ら、大宮工場において、設計・製造に取り組み、ついに、1919(大正8)年、国鉄最初の本線用国産電気機関車をつくりあげることに成功した。

これが、「10020形式電気機関車」、のちの「ED40形式電気機関車」だ。展示車両

「峠越え」で活躍した国産電気機関車「ED40形式」

は、その10号機で、1921(大正10)年に製造されたものだ。この年、横川-軽井沢間の「完全無煙化」も達成されている。

この10号機は、23年にわたり、碓氷峠を往復しつづけたのち、1944(昭和19)年に、東武鉄道に貸与された。その際、アプト機器は取り外されたが、鉄道博物館で展示するにあたり、レプリカのギアを製作し、取りつけてある。

碓氷峠のほうは、1959(昭和34)年に線路の改良計画が持ち上がり、1963(昭和38)年には、アプト式は廃止された。これにかわり、峠を登るときは、後ろに連結させた補助機関車に押し上げてもらい、峠を下るときは、前に連結させた補助機関車のブレーキを借りて、スピードを抑える方式がとられる

「ED40形式電気機関車」のモーターや駆動装置のしくみがわかる模型（縮尺1/5）も展示

ようになった。

結局、その後、碓氷峠区間（横川－軽井沢間）を電車が「自力走行」することはなかった。信越本線のこの区間への人々の関心は、長野新幹線の計画が持ち上がったとたんに薄れてしまったからだ。そして、1997（平成9）年、長野新幹線（高崎－安中榛名－軽井沢－佐久平－上田－長野）の開通とともに、信越本線の碓氷峠区間は廃線となった。

線路跡は遊歩道に整備された区間もあり、横川駅の近くには、関連車両や資料を展示した「碓氷峠鉄道文化むら」もできている。ここでは、幻となった横川の名物駅弁「峠の釜めし」も味わうことが可能だ。

鉄道ファンなら、一度足を運んでみたいところだ。

34 「ED17形式電気機関車」が「クロコダイル」と呼ばれた理由は？

「ED17形式電気機関車」車体の側面には、うろこのような奇妙な突起が並んでいる。これが、愛称「クロコダイル」（ワニ）の所以《ゆえん》だ。いわれてみると、その凸凹が、ワニの背なかにある突起を思わせる。

ちなみに、車体側面の突起は、単なる装飾ではなく、冷却用の通風口だ。

「ED17形式」は、1923（大正12）年、イギリスのイングリッシュエレクトリック社が製造した電気機関車で、輸入され、国鉄の大宮工場で試運転された当初は「1040形式」と呼ばれていた。1928（昭和3）年の車両称号規程の改正により、「ED50形式」に改名し、さらに、1931（昭和6）年に改造された際、「ED17形式」を名乗ることとなった。

「ED17形式」は、明治後期から大正期にかけて急ピッチで進められていた、全国の路線の電化工事に合わせ、国産の「ED40形式」だけでは電気機関車の台数が足りないということから、急遽、輸入が決まったものだった。「ED17形式」は、東海道本線・横須賀線の電化用に調達されたが、これらの路線を走った期間は短く、1931年の中央本線八王

「クロコダイル」の愛称をもつ「ED17形式電気機関車」

子ー甲府間の電化に合わせて、「異動」となった。

「ED17形式」と同時期に、イギリスから3形式34両の電気機関車が輸入された。これらは、どれも当時の最新鋭といえる電装品を備えていたが、反面、使用実績が少なく、未熟なシステムだったため、運行開始直後から故障が多発したといわれている。

しかし、第二次世界大戦（1939〜1945）後は、主要部品を国産のものに取り替えて、使い勝手がよくなり、その後も同形式の電気機関車は1972（昭和47）年まで使用された。

展示されているのは、「ED17形式」の1号機で、これは1970（昭和45）年に廃車となっている。

35 列車を衝突させないための「タブレット」って何？

「タブレット」といっても、「錠剤」のことではない。鉄道でいう「タブレット」とは、「通票」、つまり、通行手形のことだ。線路は列車専用の軌道であり、特に、通行手形など必要なさそうにも思える。しかし、鉄道運行の安全上、「通票」は不可欠なものだったのだ。

鉄道の安全を確保するための大原則は、「線路上を一定区間に区切り、その1区間に進入できる列車をひとつに限る」というものだ。この原則を「閉そく」という。ひとつの「閉そく区間」を複数の列車が走っていると、衝突・追突の危険が生じるため、常に1閉そく区間は1列車のみが占有できるようなしくみが必要なのだ。現代においては、区間ごとに信号機を立て、その信号を見て、次の閉そく区間に列車が入れるかどうかを運転士が判断している。

もっとも、運転士ひとりの目視ではミスが起こりかねないので、これにATS（自動列車停止装置）を連動させ、運転士が信号を見落とし、閉そく区間に進入してしまった場合は、自動で列車にブレーキがかかるようになっている。

しかし、そうした装置のなかった時代は、もっと「原始的」な閉そく装置が用いられて

4種類のタブレット

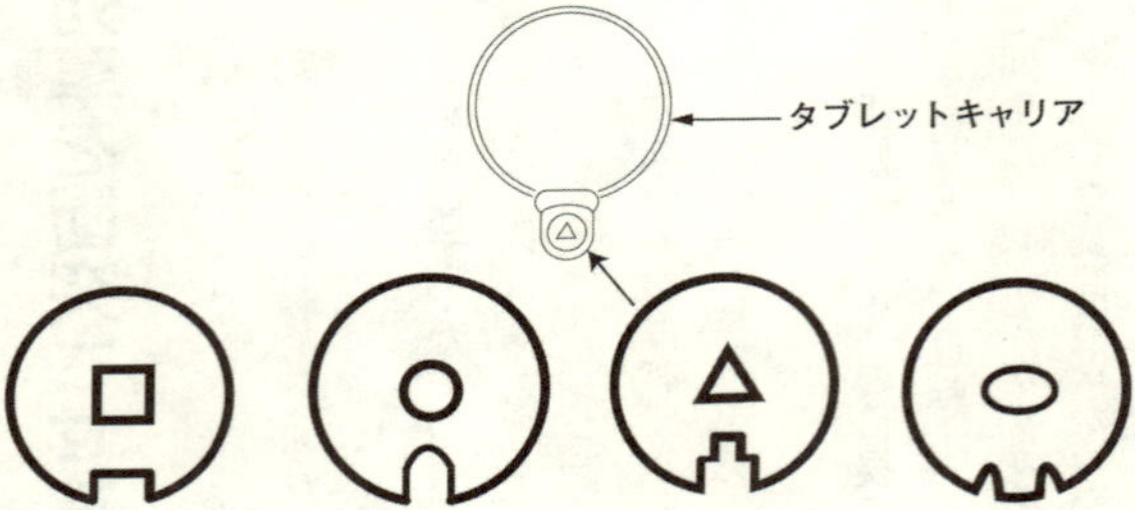

いた。「タブレット」による閉そくも、そのひとつだ。タブレットは金属でできた円盤状のもので、中央に、丸、三角、四角、楕円のどれかの形の穴が開けられている。

タブレット閉そく装置は、閉そく区間を駅と駅のあいだに定め（A駅－B駅間が1閉そく区間）、A駅－B駅間のタブレットは丸穴、B駅－C駅間のタブレットは三角穴というように決められてある。

B駅方面に向かう列車がA駅に到着すると、A駅の駅員が丸穴のタブレットを運転士に渡し、運転士はB駅に到着すると丸穴のタブレットを手放して三角穴のタブレットを受け取り、C駅に向けて出発するというものだ。タブレットは「通票箱」と呼ばれるケースに収められ、たとえば、A駅とB駅には、丸穴のタブ

通票閉そく器

タブレットを入れる通票箱、電信機・電鈴などがセットになっている

レットをしまう通票箱がそれぞれ備えられてある。2つの通票箱は電気的につながっており、B駅の駅員が先行列車から丸穴のタブレットを受け取り、通票箱に収めないと、A駅の通票箱が開かないしくみになっているのだ。

こうすることで、先行列車がA駅－B駅区間を走行中は、後続列車はA駅で丸穴のタブレットが受け取れず、追突のリスクが回避できる。

また、先行列車がB駅で手放した丸穴タブレットが、通票箱に収められれば、A駅の通票箱が開き、後続列車が丸穴タブレットを受け取れるのだ。

館内では、八戸線（八戸－久慈）で、2004（平成16）年まで使われていたJR最後の閉そく器を見ることができる。

36 ガソリンで走る鉄道車両があったってホント？

ガソリンを燃料にして走るものといえば、真っ先に思いつくのが自動車だろう。しかし、大正期から昭和初期にかけて、「ガソリンカー」といえば、自動車ではなく、「ガソリン動車」（ガソリンで動く車両）のことを指していた。

当時、国鉄の主要幹線は電化がすんでいたが、電化されていないローカル線も各地にあり、そこでは、電気を使わずに動かせる車両が必要だった。そこに登場したのが「気動車」だった。気動車とは、蒸気、ガソリン、ディーゼル（主に軽油を燃料とする）などのエンジンを搭載した鉄道車両のことだ。

ガソリンカーは、１９２０（大正9）年頃から私鉄向けの小型車両として実用化されはじめ、１９３０年代には、国鉄も開発に乗り出し、「キハ４１０００形式気動車」を完成させた。「キハ４１０００形式」のガソリンエンジンは出力が小さいため、車体の軽量化や、走行抵抗を軽減するため車軸の軸受を「コロ軸受」にするなどの工夫を凝らし、国鉄気動車の標準スタイルを確立したのだ。

しかし、日中戦争（１９３７～１９４５）によるガソリン不足や、１９４０（昭和15）年に

幾度となく改造を繰り返した「キハ41300形式」

起こった西成線列車脱線事故による火災の危険性などから、ガソリンカーは急速に姿を消す。「キハ41000形式」も、燃料をガソリンから天然ガスに替えた。

さらに、1950（昭和25）年以降、ディーゼルエンジンの技術が飛躍的に向上し、ディーゼルカーが普及しはじめる。「キハ41000形式」もエンジンをディーゼル用に改造し、1952（昭和27）年、「キハ41300形式」と名称も改めて再出発した。

館内に展示されている「キハ41307」は、主に長野県で活躍したが、1958（昭和33）年に廃車となった。しかし、その後も、遠州鉄道、北陸鉄道、関東鉄道、筑波鉄道などの地方鉄道を転々としながら1985（昭和60）年まで走りつづけた。

37 なんと「人力」で動かす鉄道車両があった！

「人力」で動かすなら人力車ではないか、と思われるかもしれないが、人力車は人が引っ張って動かすもの。こちらは人が押して動かす。しかも、動かす車はれっきとした箱形の車両（客車や貨車）で、２本の鉄製レールの上を走る。これを「人車鉄道」という。

日本初の人車鉄道は、１８９５（明治28）年に開業した「豆相《ずそう》人車鉄道」（小田原ー熱海間25・3㎞）だ。１９３０年代初頭まで、全国で29の人車鉄道路線が開業したが、人力による「非効率性」から、ガソリンカーなどに代替する路線も現われた。また、他の鉄道や、その後、急速に発達しはじめる自動車交通の輸送力には対抗しきれず、１９４５（昭和20）年頃までには、ほとんどの人車鉄道が廃止に追いこまれていった。

鉄道博物館で見られる人車鉄道は、１９２２（大正11）年に、東北本線松山駅前と松山町中心部の約２・５㎞を結ぶ交通手段として開業した「松山人車鉄道」の客車だ。自重は３００㎏あり、定員は８人だが、押し夫は１人で足りたそうだ。これは、車軸受に、摩擦による抵抗を減らして回転をスムーズにする「ボールベアリング」を使っていたためだ。当時の最先端技術を駆使した精密機械が、人力走行を可能にしていたのだ。

38 なぜ、国鉄がバスを運行することにしたのか？

初の国鉄バスは、1930（昭和5）年12月に、岡崎（愛知県）－多治見（岐阜県）間を運行した。当時の鉄道省は、1922（大正11）年に制定した改正鉄道敷設法において、約200にも上る鉄道敷設予定路線を掲げていた。しかし、どの路線も、鉄道建設にかかる莫大な資金に見合った輸送量が期待できないローカル線ばかりだった。そこで、そうした路線には、資金をあまり必要としない、バス事業で対応しようと考えたのだ。

200の路線のなかでも、岡崎－多治見間は、岡崎、瀬戸、多治見などの比較的人口規模の大きい都市があり、相応の旅客数が見こめるということで、真っ先に手がつけられた。展示されている「国鉄バス第1号車」は、この区間で運行された最初の7台のうち、唯一現存するものだ。当時のバスは、フォード社（アメリカ）やウーズレイ社（イギリス）などの輸入車が主流だったが、鉄道省は「国産」にこだわり、国内メーカーと共同して試行錯誤を重ね、ようやく国産車の実用化にこぎ着けたのだ。

昭和初期の地方交通網の開拓とともに、国内の自動車工業の発展にも貢献した、価値ある一台だ。

39 「初代1号御料車」ができる前に、お召し列車が走った謎

天皇・皇后両陛下、および皇太后専用につくられた客車を「御料車」という。また、天皇陛下や皇后陛下、皇太后の御乗用として特別に運行される列車を「お召し列車」という。

ここで、読者に質問。初の御料車が製造されたのと、初のお召し列車が運行されたのと、どちらが早かったか。――御料車なくしてお召し列車の運行はありえないだろうから、御料車の製造時期のほうが早いと思われるかもしれない。しかし、残念ながら不正解だ。

日本初の公式のお召し列車の運行は、1872（明治5）年10月14日、いわずと知れた新橋－横浜間の鉄道開業式のときだった。このとき、御料車はまだできていない。そこで、明治天皇は、一般客用の上等客車を改造したものをご利用になったのだ。

初の御料車が製造されたのは、それから4年後の1876（明治9）年であった。その記念すべき「初代1号御料車」が、館内「ヒストリーゾーン」の入口から見て、右手奥にある。全長7・34m、車体幅2・16mの小振りな造りだ。当時、国内の鉄道技術は、まだイギリスによるところが大きく、イギリス人技師ウォルター・マッカーセー・スミスが製作監督にあたり、官設鉄道神戸工場でつくられた。

走る美術工芸品と評された「初代1号御料車」

しかし、外装は漆塗り、側板中央には菊の御紋章、両側には竜の模様などが金粉で描かれており、和を基調とした装飾になっている。

内装も豪華なもので、壁面や玉座（天皇陛下がお掛けになるいす）となるソファ、室内の四隅に備えられた回転いすなど、すべて緞子（どんす＝繻子の絹織物で、地が厚く、光沢がある）が張られており、天井は楓と菊花の模様の絹張りだ。

また、車体の振動を抑えるために、台枠などに防振ゴムなどを取りつけるといった配慮もなされた。

当時の美術工芸と技術の粋を集めた「1号御料車」は、1877（明治10）年2月5日、京都－神戸間の鉄道開業式のとき、初お目見えとなったのであった。

40 「初代2号御料車」はなぜ1度しか使用されなかったのか？

「初代1号御料車」の奥に見えるのが、「初代2号御料車」だ。1891（明治24）年、九州鉄道会社がドイツのファンデル・チーベン社に依頼して製造したもので、1901（明治34）年に輸入され、現在のJR小倉工場の前身、小倉製作所で組み立てられた。

当初は、貴賓車（皇族の小旅行用や外国賓客用に使われる車両）として使われていたが、1902（明治35）年に熊本県で開催された陸軍大演習への行幸が決まり、お召し列車として使用されることになったものだ。それにともない、「御料車」に衣替えすべく、小倉製作所で大改造を行なったと伝えられている。

ドイツ製というだけあって、全体的にヨーロッパ調のデザインが漂っている。飾り金具のついた二重の丸形屋根、車体の前後にはオープンデッキが設けられ、片側の両隅部には曲面ガラスが取りつけられている。

しかし、「御料車」への改造の際、内装は和風に替えられた。玉座室の天井には、白茶色の絹を使った琥珀織を張り、窓や仕切り枠にはチーク材を使い、それに漆の木地呂塗り（きじろぬり＝つや消し）を施した。

西洋風のモダンな雰囲気が漂う
「初代2号御料車」

また、長いすには絹ビロードを用い、背当てには、菊唐草の御紋章が金糸で刺繍されている。

しかし、陸軍大演習の行幸用に使用されたあと、出番は回ってこなかった。やがて、1907（明治40）年、鉄道国有法により、九州鉄道が国鉄に吸収された際、この御料車は、初めて「初代2号御料車」の名称をもらう。だが、このとき、国鉄はすでに、性能をアップさせたボギー車（54ページ参照）の「3号御料車」から「6号御料車」までを完成させており、もう、「2号御料車」の出る幕はなかったといってよい。

こうして、明治天皇崩御後の1913（大正2）年、「初代1号御料車」とともに、廃車となった。

41 御料車よりも一般客車のほうが「上等」だった時代がある！

7号御料車は、1912（大正元）年に即位された大正天皇と貞明皇后の御乗用として、1914（大正3）年に、鉄道院新橋工場（のちの大井工場、現在のJR東日本東京総合車両センター）で製造されたものだ。

同年11月に近畿地方で開催された陸軍特別大演習への行幸の際、新橋－大阪間で初めて使用されたが、1915（大正4）年に京都で行なわれることが決まっていた、即位の御大礼のために、皇后陛下用の8号車、食堂車の9号車、賢所乗御車（かしこどころじょうぎょしゃ＝御神体である「賢所」を輸送するための車両）とともに製造された。

7～9号御料車はすべて、性能・快適性において最もすぐれているとされた「3軸ボギー台車」を採用した。それというのも、これよりも早く、1912（明治45）年6月、新橋－下関間を運行することになった日本初の特別急行列車（のちの「富士」）の最後尾に連結された「1等展望車」に、すでに3軸ボギー台車が採用されていた。

つまり、7号御料車ができるまでは、一般客用の1等展望車のほうが御料車よりも、性能・快適性で上回っていたということになる。1912～1914年の2年間の話だ。

3軸ボギー台車を採用した「7号御料車」

一般客用の1等車のレベルに追いついた

「9号御料車」

7号御料車に付随する食堂車として一緒に製造された

42 アッシュビル、ボルチモア…外国名がつけられた御料車の謎

10号御料車は、1922（大正11）年、イギリス皇太子エドワード・アルバート殿下（のちのウィンザー公）が来日されるにあたり、国賓用の御料車として製造された。外国からの来賓者に車窓の景色を楽しんでもらおうと、展望室・展望デッキが設けられている。展望室などがついているのは、御料車ではこれひとつのみの貴重な車両だ。イギリス皇太子の来日後も、タイ国王をはじめ、数々の国賓の来日に際して使用されてきた。

その日本を代表する御料車に、なぜか外国名がつけられた時期がある。「アッシュビル」「ボルチモア」などのアメリカの地名だ。

時は、第二次世界大戦直後の1945（昭和20）年10月。日本に駐留していた連合軍は、10号御料車と、これと一緒に製造された食堂車の11号御料車を接収し、それぞれに、「アッシュビル」「アーバナ」という軍独自の名称をつけ、連合軍が使用した列車「オクタゴニアン（Octagonian）」（「octal」は「8」の意味を表わす。第8軍司令官の専用列車だったため、こう名づけられた）の編成に組みこんだのだ。

その際、国民が使用する一般客車と区別するため、車体側面に、連合軍用であることを

「10号御料車」

終戦時、アメリカ軍の軍用列車に使用された歴史をもつ

示す白帯を入れた（一般国民用の客車はクリーム色の帯）。

当時、扉からあふれんばかりの客を乗せたクリーム線の列車の横を、白線の高級列車が颯爽と通りすぎていく風景が見られたと伝えられている。

１９４６（昭和21）年、10号御料車は「ボルチモア」、11号御料車は「ベルトン」（いずれも、アメリカにある市の名前）と改称され、軍車両として使用されつづけたが、１９５１（昭和26）年６月に軍用を解除され、翌月、「御料車」の座に戻った。

しかし、その後、使用されることはなく、１９５９（昭和34）年、廃車となった。10号御料車の化粧室の扉には、今でも接収時に書かれた「ＭＥＮ」の文字が残っている。

43 「12号御料車」の車内が明るくなった、本当の理由とは？

鉄道博物館に展示されている6両の御料車のうち、最も新しいのが「12号御料車」だ。昭和天皇が大正天皇の晩年時（1921〈大正10〉～1926〈大正15〉年）、摂政《せっしょう》に就任し、摂政宮《せっしょうのみや》を務めた時期、その御乗用として製造されたものだ。1924（大正13）年、大井工場でつくられた。最後の木製御料車としても知られている。

この時代から、御料車に絢爛豪華な装飾を施すことがなくなり、簡素な欧風スタイルとなった。天井や壁は洋花模様の絹張り、長いすやクッションカバー、テーブルクロスなども絹地だが、きらびやかなものではなく、落ち着いた色味の紋織物を使用している。また、玉座後方のマントルピースの上には、馬が戯れている様子を表わした鋳出しの置物が置かれているが、他に、華美な調度品などは見られない。

「12号御料車」が従来の御料車と異なるのは、全体的に「地味」になったことのほかに、窓が大きくなり、採光が良好になったため、車内が明るくなったという点があげられる。窓は従来のものと比べ、上辺部分が10㎝も上げられ、大窓になった。大窓が採用されたのは、特に、摂政宮だった皇太子殿下が外の景色をご覧になるのが好きだったから、という

「12号御料車」

従来の御料車よりも窓の上辺を引き上げて、大窓を配置した

のではない。窓の位置が低いと、車内からの御答礼の際に、暗くてお顔がよく見えないということで、窓の上辺が引き上げられたのだ。結果として、車内も明るく開放的な雰囲気になった。

本車は、1928（昭和3）年、昭和天皇の御大礼のときにもお召し列車として使用された。皇太子殿下が昭和天皇に即位されたあとも、「12号御料車」を愛用されたということだ。

1932（昭和7）年、鋼製の初の御料車が製造され、「12号御料車」は第一線を退くが、予備車として配備されつづけた。

なお、鋼製の最初の御料車がつくられた際、これが新しく「1号御料車」（2代目）と命名され、かつての「1号御料車」は「初代1号御料車」と呼ばれるようになった。「2号御料車」についても同じで、明治時代に製造された木製御料車には、すべて「初代」をつけて、昭和期のものとは区別している。

なお、現在、御料車として使用されているものは、1960（昭和35）年に国鉄大井工場で製造された3代目の「1号御料車」だ。しかし、近い将来、この「3代1号御料車」の処遇も変わるかもしれない。

JR東日本は2007（平成19）年7月、この御料車の老朽化にともない、置き換え用として、「E655系特別車両」を製造した。車体は光線の具合によって褐色や紫色にも見える特殊な塗装が施されており、車両中央部に配した大きな3つの窓が特徴的だ。すでに試験走行はしているが、まだ、実用には至っていない。

「E655系」は皇室客車用・国賓用の特別車両のほかに、1〜5号車（「ハイグレード車両」という）が製造されており、外観は特別車両と似ているものの、車内の内装は異なり、一般客の利用にも対応している。

2007年11月には、臨時団体列車としての営業運転も行なった。皇室用客車が「御料車」と呼ばれ、一般客車と一線を画していた時代は終わりを告げようとしているのかもしれない。

PART3　ヒストリーゾーンその2

——高速化と大量輸送時代の謎

44 「C51形式蒸気機関車」が時速100kmを出せた理由は？

「ヒストリーゾーン」の入口から見て右手奥の壁際に、6両の御料車がずらりと並んでいる。これらのさらに奥に鎮座しているのが、「C51形式蒸気機関車」だ。

短時間で館内を見学しなければならないときは、つい見逃してしまうかもしれないので要注意だ。「C51形式蒸気機関車」は、蒸気機関車の国内技術が確立されてきた大正時代を代表する、国産初の高速旅客用テンダー式蒸気機関車（テンダー式＝燃料の石炭と水を載せる炭水車を連結したタイプ、79ページ参照）だ。この「高速」という文字に注目してほしい。

蒸気機関車といえば、のどかな田園風景のなかをゆったり走るというイメージがあるが、「C51形」が登場した大正時代、鉄道輸送の課題は「高速化」と「大量輸送」の2点にしぼられていた。機関車にも、より多くの乗客を乗せて、より速く走ることが求められていたのだ。

速く走るためにはどうすればよいか？

目をつけたのは動輪径（動輪の直径）の大きさだ。動輪の回転数は1分間に300回転が限度といわれている。

日本の蒸気機関車の代表的モデル
「C51形式蒸気機関車」

同じ回転数なら、動輪が大きいほうが、たくさん前に進むということだ。速度をかせぐためには、動輪径を大きくすることが理にかなっているのだ。そこで、従来の1・6m径を上回る、国内最大の1・75m径が採用された。これは、1・067m軌間（軌間＝2本のレールの間隔）を走る機関車としては、世界的にみても最大級だったといわれている。

この結果、機関車の出せる最高速度は、時速90kmから、時速100kmにまでアップした。「C51形式蒸気機関車」は大型化も図られており、輸送力においてもすぐれていた。

スピードと輸送力を兼ね備え、しかも、安定した走行実績を重ねていったことで、1919（大正8）年から1928（昭和3）年までに289両が量産されたのだ。

45 東京－大阪間の時短計画に駆り出された「秘密兵器」とは？

日本初の特別急行列車(特急列車)は、1912(明治45)年6月、新橋－下関間の運行を始めた「最急行1・2列車」だ(1914〈大正3〉年に東京駅が開業し、始発駅は新橋駅から東京駅に変更)。急行列車よりも速い列車には、それ以前から「最急行」という呼び名がつけられていたが、このとき、初めて「特別急行」(特急)という種別が用いられるようになったのだ。

当時、この特急列車をもってしても、東京－大阪間には10時間40分もかかっていた。そこに現われたのが、「超特急」の異名をとった「燕」だ。「燕」は1930(昭和5)年、東京－大阪間をノンストップで、8時間で運行する計画を掲げ、鳴り物入りで登場した。東京－大阪間を一気に2時間40分も縮めるという「時短計画」だ。

ただし、停車駅を減らすだけで、これだけの時短を可能にすることはできない。そこで、大幅な時間短縮を図るために考えられたのが、箱根の難所(74ページ『29 難所・箱根を越えるスタミナ抜群の蒸気機関車とは？』参照)を時間のむだなく越える方法だ。

当時、東海道本線の東京－国府津間は電化がすんでおり、特急列車や急行列車は、東京

二見文庫

FUTAMI BUNKO

http://www.futami.co.jp/

－国府津間は電気機関車で客車を牽引し、国府津－名古屋間を蒸気機関車で牽引していた。ところが、国府津駅で東京から牽引してくれた電気機関車を切り離し、新たに蒸気機関車に連結させるという交換作業に時間がかかっていたのだ。

この時間を短縮させるために、東京駅から、蒸気機関車で名古屋まで牽引する方法をとってはどうかということになった。このとき、「燕」の客車を引っ張ったのが、高速にして、かつ長距離輸送にも耐えられる「C51形式蒸気機関車」だ。運行上のトラブルも少なく、安定した走行成績をあげていたことから、ダイヤが過密になりがちな東京近郊区間も、「この機関車にならまかせられる」と判断されたのだ。

さらに、箱根越えの区間（下りでは国府津－御殿場間、上りでは沼津－御殿場間）では、列車を最後部から押し上げる役目を果たす、後部補助機関車を連結する必要があったが、「燕」の場合、この連結作業時間をわずか30秒で行なったうえ、切り離すときは、御殿場駅付近を通過中、走行しながら解放したという。「神業」ともいうべき、連携作業だ。

スピードをアップさせるということは、ハードの性能を向上させるだけではないということが改めてわかる。こうして、「超特急・燕」は、国民の人気の的となり、3等車は連日満席、1・2等車も75％前後の高い乗車率をマークしつづけた。それにしても、日本人の「速いもの好き」は、今も昔も変わらないと思い知らされる。

46 圧巻！ 重量機関車を回転させるターンテーブルのド迫力！

鉄道博物館の最大の見どころといって過言はないだろう。「ヒストリーゾーン」の中央、円形の台の上に、「C57形式蒸気機関車」が停まっている。この台は「ターンテーブル」、日本語では「転車台」と呼ばれる。蒸気機関車の向きを変えるための設備。

蒸気機関車は前にしか進めない。現在私たちが利用している電車のように、先頭列車と後部列車に運転台がついていて、上り線の終点に着いたら、先頭列車から運転士が降り、折り返して下り列車となるときは、先の後部列車の運転台に運転士が乗りこんで、逆向きに出発する、ということができなかった。

蒸気機関車の全盛時代には、各機関区にターンテーブルが少なくとも1基は備えられており、その土地が鉄道によって活気づけられていて、「鉄道の街」を象徴するような存在となっていたといわれている。しかし、蒸気機関車の廃止とともに、ターンテーブルの役目もなくなり、今ではほとんど姿を消してしまった。

そうしたなか、鉄道博物館に設置されたのは、展示用に特別につくられたターンテーブルだ。「C57形式蒸気機関車」がすっぽり収まる直径22mの大きさ、機関車の両側には見

ターンテーブル（転車台）

見学用通路を設けた、鉄道博物館の特設仕様

学用の通路も設置されてある。

突然、眠っていたはずの「C57形」の車体にライトが当たる。館内の人々が「何ごとだろう」というようにざわめき、ターンテーブルの周りに集まってきた。すると、ポーッという大音量の汽笛が館内じゅうに響きわたる。目の前の機関車が展示物であることを忘れてしまう一瞬だ。

重量機関車を載せたターンテーブルがゆっくりと回りだした。目の前で見上げるような大きな機関車が、向きを変えて動く光景は圧巻だ。

ターンテーブルの実演は土・日・祝日と学校の長期休暇の平日は、午前（11時半）と午後（15時）に1回ずつ行なわれる。絶対に見逃せない。

47 ほっそり体型の「C57形式蒸気機関車」につけられた愛称は？

ターンテーブルの上に載っている「C57形式蒸気機関車」は、1937(昭和12)年に完成したテンダー式蒸気機関車だ。

「C51形」を受け継いだ1・75mの大きな動輪をもち、ボイラーの圧力も高め、さらなる性能のアップと機器類の洗練が図られた「逸品」だ。見た目にも、ボイラーが細く、従来の蒸気機関車と比べて、洗練されたスマートな体型をしているところから、「貴婦人」の愛称で親しまれている。

「C57形式蒸気機関車」は、第二次世界大戦中の中断をはさみ、1947(昭和22)年までに、全部で201両製造された。この201両は、製造時期により、外観や構造が多少異なっており、全部で4タイプに分けられる。鉄道博物館に展示されてある「135号機」は、最も古い「1次形」に属し、「C57形」のまさに「原形」をとどめた貴重な保存機だ。

1940(昭和15)年の製造当初は、高崎線(大宮－高崎)を中心に、首都圏で旅客列車の牽引車として活躍したが、「電化」の波に押されて、1952(昭和27)年、北海道へ渡り、函館、室蘭、根室本線などで走りつづけた。

「貴婦人」と呼ばれた「C57形式蒸気機関車」

「C57形式蒸気機関車」が現役として運行したのは1975（昭和50）年が最後だ。最後まで残ったのは全国で5機のみだが、そのひとつがこの「135号機」。最後の仕事は、同年12月14日、室蘭発岩見沢行きの国鉄最後となる蒸気旅客列車の牽引であった。「C57形」を代表して有終の美を飾った「135号機」は、翌年3月31日に岩見沢第一機関区で廃車となるが、その後、首都圏に送られ、交通博物館への展示が決まる。

同機は「静態保存機」（動作できない状態で保存されている機関車）だが、現在も、すぐに動態復元が可能なほど完璧な状態で展示されている。ターンテーブルの上で、汽笛を鳴らし、今にも走りだしそうに見えるのは、あながち「気のせい」ではないということだ。

48 「マイテ」「スイテ」「マロテ」って何のこと?

車両にはすべて型式名・番号がつけられている。たとえば、前項で取り上げた「C57形式蒸気機関車135号機」の場合、「C」は動輪軸の数が3本あることを示す記号(2本なら「B」、4本なら「D」となる)で、「57」はテンダー式機関車を表わす型式番号(テンダー式機関車の番号は50~99)、「135」は製造番号(製造された順番に振られる)だ。

機関車の場合、型式名にはアルファベットが用いられるが、電車、客車、貨車などでは、カタカナが用いられる。駅などで停まっている車両を何げなく見ながら、車体側面の下部に書かれた白地の「モハ」などの文字を見て、「何のことだろう?」と首をかしげたことのある人は少なくないだろう。

「ヒストリーゾーン」の入口から見て、すぐ左手に見える車両は、1934(昭和9)年頃の東京駅8番ホームで発車を控えている特急「富士」だ。車両の後部には、富士山を模したトレインマークが掲げられている。「富士」といえば、昭和初期の日本を代表する特急列車だ。1912(明治45)年に新橋-下関間で運行を開始した、初の特急列車「最急行1・2列車」に、1929(昭和4)年、「富士」の愛称がつけられたのだ。

特急「富士」の展望車として活躍した「マイテ39形式客車」

　この車体の側面には「マイテ39 11」の形式名・番号が施されている。さて、「マイテ」とはどういう意味だろうか。
　客車の形式名・番号は「車体の重量」(カタカナ)＋設備・用途(カタカナ)＋形式番号＋製造番号で構成されている。これに従えば、「マ」は「42・5t以上47・5t未満」の重量であることを表わし、「イ」は「旧1等車」(保存車両にしか見られない)、「テ」は「展望車」を示している。
　つまり、「マイテ」は、「富士」の最後尾に連結されていた「展望車」なのだ。
　ちなみに、「マイテ39形式」は、製造された1930(昭和5)年当時、「スイテ3710形式」という名だった。「ス」が「マ」に変わったのは、第二次世界大戦後のことで、

「ス」は車体重量が「37・5t以上42・5t未満」である車両に用いられる記号だ。

戦時中廃止されていた特急列車の運行が再開したのが、1949（昭和24）年。翌年、「スイテ」は、特急「つばめ」の車両となり、冷房装置がつけられて車体が重くなった。そして、「マイテ」となったのだ。

1960（昭和35）年、この年、「1等車」が廃止になったことから「マロテ」となったのだ。「ロ」は「旧2等車」のことで、この年、「マイテ39形式」は、「マロテ39形式」に改名する。展示の車両は1959（昭和34）年当時の塗装にしたため、「マイテ」と書かれてある。

49 展望車はなぜ、「縁起が悪い」と不評だったのか？

客車記号「テ」をつけた展望車とは、どのような車両なのか。「マイテ39形式客車」を見てみると、車内は、展望デッキ、展望室、談話室、区分室、洗面所、トイレ、車掌室、デッキで構成されている。なかを覗いてみるとわかるが、内装が純和風であるところが特徴だ。「マイテ39形」は外国人観光客の誘致を目的につくられた車両なのだ。

車内のデザインは「桃山式」と呼ばれ、御殿造りをテーマとし、柱や壁は黒漆塗り、天井や壁には金の飾りも施した豪華な造りになっている。この、いかにも和風な内装が外国人観光客には好評を博した。

しかし、一方で、日本人には「霊柩車のようで気味が悪い」「仏壇と雰囲気が似ている」と、いささか不評だったようだ。

第二次世界大戦中は、特急列車の運行が行なわれず、展望車も使用停止の状態が続いていたが、戦後になって特急が復活すると、「マイテ39形式客車」も活動を再開することとなる。戦後初の仕事は、1949（昭和24）年9月に東京－大阪間を運行しはじめた特急「へいわ」への連結であった。

この「へいわ」が運行開始から3カ月で「つばめ」と改称されたため、その一員として走りつづける。しかし、かねてから乗客の評判がよくなかったこともあり、「桃山式」の展望車は予備車となって、まもなく第一線から退くこととなった。

ところで、客車記号の「テ」は現在では使われていない。最近つくられた客車のなかには、展望室を備えた客車もあるが、ほとんどが「フ」を名乗っている。「フ」は「緩急車」（車内に手ブレーキを備えている車両）を表わす記号だ。

展望車には手ブレーキを備えることが定められているため、「テ」が「フ」になっても不思議ではないが、通常緩急車（車掌室のある車両全般）につけられる記号だけに、格下げされたようで少し寂しい。

50 列車脱線事故をきっかけにつくられた客車とは?

1926(大正15)年9月、山陽本線の安芸中野–海田市間(広島県)で、東京発下関行きの特急第一列車(のちの「富士」)が脱線事故を起こした。このとき、広島県では集中豪雨により河川の決壊が相次ぎ、あふれ出た川水が線路を載せている築堤も崩壊させていたため、線路が浮き上がった状態だったのだ。

ちょうど、そこを通過した特急第一列車が脱線転覆、大破した木造客車に乗っていた34人の命が奪われた。この事故後、木造客車の脆弱性が問題となる。鉄道省は、木造客車の製造をやめ、骨組みと外板に頑丈な鋼を用いることとした。

こうして誕生したのが、「オハ31形式客車」だ。ただし、「鋼製」とは名ばかりで、車体の屋根や内装は木造だったため、「半鋼製車体」と呼ばれた。

前項で紹介した「マイテ39形式客車」も同じ「半鋼製車体」だ。どちらの車体を見てもわかることだが、やたらとリベット(金属板を継ぎ合わせるために用いられる鋲《びょう》)の数が多い。リベットを打ちこんだ箇所は、まんじゅう型の頭が飛び出しているので目立つ。窓枠付近を中心に、リベットの頭が整然と並んで打ちこまれている様がわかる。

整然と並んだリベットが目立つ
「オハ31形式客車」

これは、溶接技術が未熟だった証《あか》しで、造りの複雑な内装までを鋼製にすることは、当時の技術では難しかったというのが実情なのだ。

館内に展示されている「オハ31形式客車」は、1927（昭和2）年に製造されたもので、1960（昭和35）年に津軽鉄道に払い下げられた。

津軽鉄道では、名物のだるまストーブを備えた「ストーブ列車」として走りつづけていたが、老朽化のため、1983（昭和58）年に引退した。

津軽鉄道では、朱色とクリーム色のツートンカラーの車体で親しまれていたが、鉄道博物館の展示用のため、塗装は、1941（昭和16）年当時の茶色に塗り替えられた。

51 流線形を取り入れた大型通勤電車はスピードアップできた？

昭和初期は、大量輸送と高速化が鉄道事業における2大テーマとなっていた。輸送量の拡大には何が必要か。単純に考えれば、ダイヤを過密にするか、1度に運べる人数・貨物量を増やすかだ。そうしたなかで、開発に力を入れたのが、車体の大型化だった。1932（昭和7）年、モーターのついた電動車としては初めて、20mの長さをもつ車両がつくられた。その先駆けとなったのが、「クモハ40形式電車」だ。当時、動力をもたない車両のなかには、車体長20mのものもあったが、電動車については、車体の強度の確保が難しいという理由から17mクラスの車両しかなかった。

車体長20mの車両は、その後、国鉄（JR）の在来線では主流となり、今なお、その規格は受け継がれている。ちなみに、新幹線車両の規格は25mだ。

「クモハ40形式電車」は通勤輸送用につくられたもので、乗客の乗降を促すために片側3ドアにし、車内通路を広くとれるロングシートを採用、吊革やつかまり棒も設置されている。1932年から1936（昭和11）年にかけて、全部で80両製造され、製造番号は「40001」から「40080」まであるが、鉄道博物館に展示されているものは「400

先頭部に、当時はやりの流線形をとり入れた
「クモハ40形式電車」

74」だから、同形式のなかでは、後期につくられたものであることがわかる。

実は、「クモハ40形式」は逐次、車体デザインの変更を行なっていて、同形式でもデザインが異なっていることが多い。

「40074」は、車体の先頭部分がカーブした流線形を導入している。当時、流線形は世界的なブームだった。ご存知のように、流線形は空気抵抗が小さく、速度が出やすいと評判だったのだ。

しかし、専門家にいわせると、時速100km以下で走行する電車の先頭部を流線形にしても、速度アップの効果はほとんどないそうだ。たしかに、今、私たちが日頃利用する通勤電車を見てみると、どれも先頭部はカーブしていない。

52 ぶどう色、青大将色、お召し色などがある電気機関車って何？

ＪＲおよびその前身である国鉄では、車体の塗装に独自の色を用いている。この色のことを「国鉄制定色」、一般に「国鉄色《こくてつしょく》」という。蒸気機関車が主流だった時代、車体の塗装は、黒や濃い茶色がほとんどだった。蒸気機関車の煤煙によって車体が汚れるため、それを目立たなくするためだったといわれている。

しかし、国鉄で制定していた色見本が全部で何色あるかご存知だろうか。なんと、60色以上にも及ぶのだ。すべての色には名称がついており、青だけでも「1号」「2号」「15号」「22号」など、８種類ある。

さて、「ヒストリーゾーン」の御料車と転車台のあいだに位置する、「ＥＦ58形式電気機関車」を見てほしい。１９４６（昭和21）年から１９５８（昭和33）年までに１７２両が量産された電気機関車だ。車軸の軸受に、走行抵抗を大幅に減らす「ローラーベアリング」を採用したことで、走行安定性が格段に向上し、高性能車両として高く評価され、特急列車の牽引などによく用いられた。鉄道ファンのあいだでも「ゴハチ」の愛称で親しまれている機関車だ。

「EF58形式電気機関車」

多くの特急列車を牽引し、「ゴハチ」の愛称で親しまれた「EF58形式電気機関車」

「EF58形式電気機関車」は出番によって、その装いも変えてきた。鉄道博物館に展示してあるのは、最も標準的な塗装で「ぶどう色」(国鉄色でいう「ぶどう色」は茶色を示す)だ。

昭和20年代後半からは、特急「つばめ」や「はと」の牽引に活躍したが、1956(昭和31)年に東海道本線が全線電化された際、蒸気機関車の煤煙とも縁が切れ、機関車・客車とも明るい色に塗装されることになる。このとき採用された色が「淡緑5号」という、やや薄い緑色で、これは通称「青大将色」と呼ばれた。

1960(昭和35)年に入ると、「EF58形」は、寝台列車、いわゆるブルートレインも牽引するようになる。このブルートレイン仕様としては、「ウルトラマリン」と呼ばれる

「青2号」を基調とし、車体裾部にクリーム色を配した塗装を施した。

さらに、「EF58形」のなかには、お召し列車の牽引指定機が2両（60・61号機）ある。これらは、1953（昭和28）年に製造され、当初は他車と同じく、ぶどう色であったが、61号機については1965（昭和40）年頃、「お召し機専用色」に塗り替えられた。ぶどう色に似ているが、もっと艶や深みがある、漆に近い色で、「深紅色《しんこうしょく》」と呼ばれる。

大宮工場が独自に調合した色で、塗料メーカーでもなかなかつくり出せないのだそうだ。

53 「ブルートレイン色」って、どんな色？

「走るホテル」との異名をとった「ナハネフ22形式客車」（20系客車）は、寝台特急「あさかぜ」に投入された客車だ。時代の変遷というのは恐ろしい。

展示してある「あさかぜ」の車内の3段ベッドを見て、今、「ホテルのようだ」と思う人がはたしているだろうか。狭苦しく、硬いベッドは見るからに窮屈そうで、落下の危険もある。

しかし、一般家庭にクーラーがなかった1958（昭和33）年当時、冷暖房完備で、シートに座った姿勢ではなく、横になったまま朝を迎えられる夜行特急列車は、料金も相応に

「ナハネフ22形式客車」(あさかぜ)

漆黒の闇を走り抜けるブルーカラーの車体が人気を誇った

高く、羨望の的であったことは事実だ。

「あさかぜ」客車の車体に塗られた色は「青15号」で、深みのある青、「インクブルー」という。

この青い地色に、クリーム色の細い帯が巻かれたデザインが採用された。

この配色が好評を博したことから、このあとも、寝台特急列車にはブルーカラーとクリーム色の線が用いられるようになり、これを「ブルートレイン色」と呼ぶようになった。

1960年代に人気を誇ったブルートレイン「あさかぜ」だったが、競合する新幹線や航空機、高速バスに次々と乗客を奪われていった。

そして、2005(平成17)年、ついに、その生涯の幕を閉じることとなった。

54 オレンジ色、萌黄色、水色、黄色…どの路線の色かわかる?

寝台特急「あさかぜ」の後方には、首都圏ではお馴染みの車両が見える。JR中央線で通勤客の足として走ったオレンジ色の電車だ。2008(平成20)年3月に引退したばかりの車両は、展示されている「101系電車」(クモハ101形式電車)とは異なる、後継車の「201系電車」だ。「101系」が中央線を走ったのは1957(昭和32)年から1985(昭和60)年までのことだ。

「101系」の最大の特徴は、加速・減速がきわめて迅速かつスムーズに行なえる点で、当時、最もラッシュが激しかった中央線に真っ先に投入された。この高性能電車は、1957年から1969(昭和44)年までに1535両も製造され、首都圏の通勤電車の「顔」として、山手線、京浜東北線、総武線、南武線などで活躍したのだ。

「101系」が登場する前、通勤列車の色は、やはり従来の「ぶどう色」(濃茶色)が主流だった。ブレーキをかけたときに、鉄粉が出て車体が汚れるので、これを目立たなくするため濃茶色が採用されていたが、走行性能がアップし、鉄粉が目立たなくなったことから、明るい色に変えようという話が出たという。

「クモハ101形式電車」（101系電車）

全身をオレンジ色に包んだ通勤電車の代表格「101系電車」

最初に投入された中央線には、国鉄色の「朱色1号」が採用された。「オレンジバーミリオン」という名前の色だ。

山手線では「黄緑6号」（萌黄色）、京浜東北線では「青22号」（水色）、総武線では「黄1号」（黄色）に塗装された。同じ形式の電車が、走る路線によって塗装の色を変えて運用されたのは、この「101系」が初めてだったといわれる。

どの色も多くの読者にとっては馴染み深いと思うが、今や首都圏の駅のホームから、これらの車両を見ることはできない。どの路線も新型のステンレス車体を採用していて、トレードマークともいえるラインカラー（路線別カラー）は、銀色の車体の一部に、帯状に細く残されているだけとなった。

55 「181系電車」（こだま型）の運転台はなぜ高いところにある？

「ヒストリーゾーン」中央の転車台から放射状に延びた線路のひとつに、「クリーム4号」（小麦色）の地色に「赤2号」（えんじ色）の帯を施した、特急「とき」がある。前項で紹介した「101系電車」のシステムを基本として設計された特急用電車が、この「181系電車」（クハ181形式電車）だ。

製造開始当初の1958（昭和33）年には「20系電車」といわれ、翌年の車両称号規程改正で「151系電車」となった。最初に投入されたのが、東京－大阪・神戸間を走る特急「こだま」だったため、「こだま形」とも呼ばれる。

車体の最大の特徴は先頭部にある。大きく前にせり出したボンネットとその上に備えられた高い運転台だ。その理由は、この電車が出すことのできるスピードにある。従来の特急が出せた最高速度はせいぜい時速100㎞。しかし、「181系電車」は、それを上回る時速110㎞をマークした。

列車の速度が上がると、運転士の視界は悪くなる。そのため、運転台を高い位置にし、前方が遠くまで見渡せるようにしたのだ。

高い運転台と大きなボンネットが特徴の
「クハ181形式電車」(181系電車)

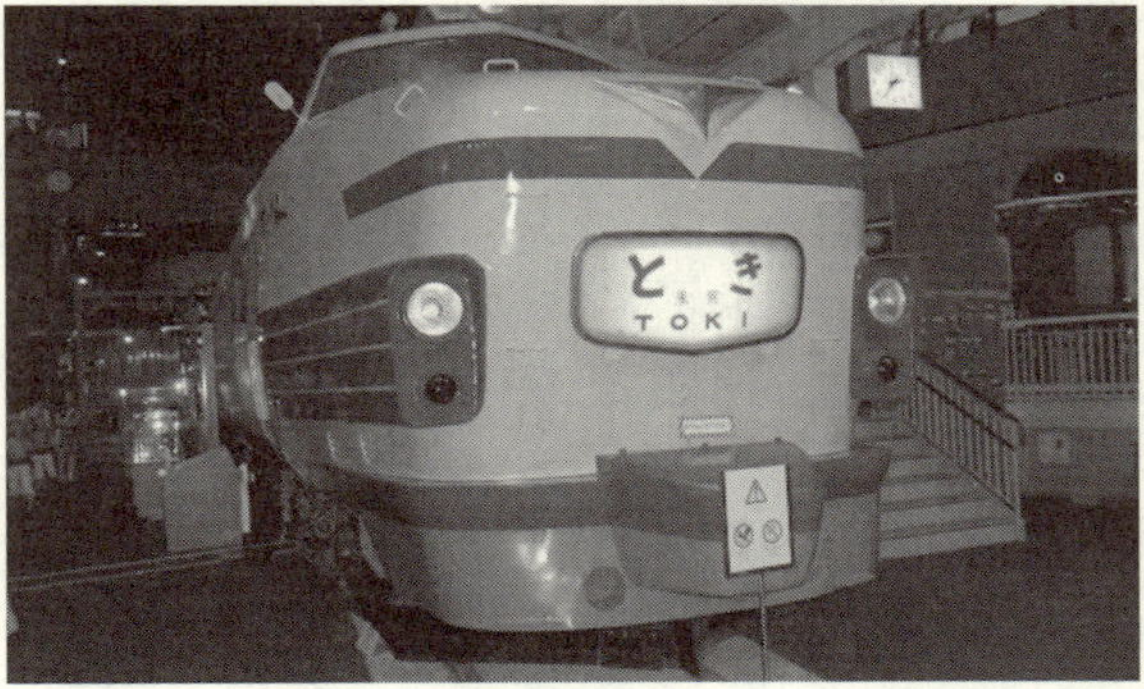

もうひとつの謎は、巨大なボンネットだ。この中身はなんだろう。列車の速度がアップすると、電動空気圧縮機（ブレーキの操作やドアの開閉、パンタグラフの昇降などの動作を行なう機械）や電動発電機（モーターを回転させたり、車内の照明や制御装置に使われる電気を発電する機械）などの作動時の騒音や振動も大きくなる。こうした騒音・振動を客車に伝わりにくくするため、従来の床下から先頭部へと移動させたのだ。

客車よりもはるかに高い、ガラス張りの「特別室」に座っている運転士を駅のホームで見かけ、特急列車の運転士にあこがれた少年も多いことだろう。しかし、1982（昭和57）年11月、上越新幹線の開業とともに、すべての「181系」が引退した。

56 開業以来、日本の鉄道はずっと「西高東低」だった！

「ヒストリーゾーン」の中央にある転車台から放射状に8本の線路が延びているが、そのなかの2本の線路にはさまれるようにして、ひとつのプラットホームが設置してある。ホームの柱には「うえの」の文字が見える。そう、ここは上野駅16番線だ。といっても、今の上野駅ではない。設定されている時代は1972（昭和47）年だ。

ホームの片側に停まっているのは「181系電車」と似たタイプのボンネット型電車で「クハ481形式電車」（485系電車）、反対側に停まっているのは前面がフラットな「クモハ455形式電車」（455系電車）だ。

「クハ481形式電車」のほうは、先頭車のヘッドマークを「ひばり」から「あいづ」、もしくは「あいづ」から「ひばり」に交換している最中だ。隣の「クモハ455形式電車」は急行列車だ。ひとつのホームに特急列車と急行列車が並んで停まっている様子は最近ではあまり見られない。上野駅が活気に満ちあふれていた時代を象徴するような光景だ。

上野駅を数多くの特急列車が発着するようになったのは、それほど古い話ではない。日本の鉄道史上、初の特急列車は、1912（明治45）年6月、新橋－下関間を走った「最急行1・2列車」であり、その後も東海道本線・山陽本線・鹿児島本線では、1930年代には「富士」「櫻《さくら》」「燕《つばめ》」「鴎《かもめ》」など、第二次世界大戦をはさんだあとの1950年代は「つばめ」「はと」「あさかぜ」などが運行した。

一方、上野駅を始発とする東北本線に特急列車が初めて登場したのは、1958（昭和33）年、上野－青森間の運転を開始した「はつかり」だ。東海道本線から40年以上遅れての「特急デビュー」だった。

同じ年、東海道本線では、東京－大阪間に、初めて電車を使用した特急列車「こだま」が登場していた。「こだま」は、機関車による牽引で走っていたときよりも、所要時間を約40分縮め、6時間50分でこの区間を結ぶことに成功し、ビジネスマンの「日帰り出張」を可能にしていたのだ。

さらに時代が下ると、新幹線が登場してくるが、新幹線もまず、1964（昭和39）年10月に東海道新幹線が開通した。

それに引きかえ、東京以北に向かう新幹線については、1982（昭和57）年6月、大宮－盛岡間に盛岡新幹線が暫定開業したのが最初だ。

なお、20年以上のタイムラグがあった。鉄道の歴史上において、常に東京以北は東京以西に後《おく》れをとってきたのだ。

57 電化路線が拡大したために起こった面倒な問題とは?

さて、上野駅16番線ホームに停車中の電車のうち、まず、「クハ481形式電車」と連結されている「モハ484形式電車」(ともに485系電車)に注目してみよう。「485系電車」は、特急電車の代名詞ともいえる車両だ。前身といえる「481系電車」と「483系電車」を含め、1979(昭和54)年までに1453両が製造された。

「481系電車」は1964(昭和39)年、「483系電車」は1965(昭和40)年につくられた。「481系」と「483系」は外観や設備、性能はほぼ同じ車両だったが、ひとつだけ大きな違いがあった。それは対応できる電源の周波数が異なるということだ。「481系」は60ヘルツ対応、「483系」は50ヘルツ対応だった。

地方も含め、全国の路線の電化が進むにつれ、区間によって60ヘルツに対応しなければならないところと、50ヘルツに対応しなければならないところが生じるようになってきたのである。つまり、新しく開発した電車について、「60ヘルツ仕様」と「50ヘルツ仕様」の2種類を製造しなければならないという面倒が起こってきたのだ。西日本地区向けには「60ヘルツ仕様」、東北地区向けには「50ヘルツ仕様」というふうにだ。

「クハ481形式電車」(485系電車)

上野から東北へ向けて走った特急用の「485系電車」

しかし、これでは、2つの区間を続けて走ることができない。特急電車の運行距離を伸ばし、運用範囲を広げるためには、両周波数に対応できる電車が必要となった。そこで、1968(昭和43)年、両用の「485系電車」が製造されたのだ。

展示されている「クハ481形式電車」はもともと「483系」として製造されたもので、上野駅発の東北特急専用電車だ。「483系」も「481系」も、のちに「485系」グループに統合されたため、現在では「485系」と呼ばれている。

なお、1972(昭和47)年から製造された「485系」は、運転台は高位置に残したままだが、前面のボンネットを廃止した前面貫通型と呼ばれるスタイルに変更されている。

58 特急電車顔負けのスピードで走った急行電車って、どれ？

鉄道博物館の上野駅16番線ホームに停車中のもう1両の電車が「クモハ455形式電車」（455系電車）だ。「クハ481形式電車」が東北地方の「特急の顔」だとするなら、こちらは東北地方の「急行の顔」だ。東北専用の50ヘルツ仕様で、1965（昭和40）年から製造が始まった。展示されている電車は製造番号が「455-1」番、記念すべき第1号車だ。

全国に電化路線が広がり、特急列車の運行区間が拡大していくのと同時に、特急列車と地方路線を接続する急行列車の活躍が目立ちはじめた時代だ。

1961（昭和36）年10月のダイヤ改正では、全国の特急列車の運行本数が9往復から26往復に、急行列車は上下合計で126本から223本に大増発された。

さらに、1968（昭和43）年10月のダイヤ改正でも全体で280本の旅客列車が増発され、その9割以上を特急・急行が占めた。こうしたなか、「455系」は東北本線や常磐線などを舞台とし、上野-仙台間を走った「まつしま」、常磐線を経由して上野と盛岡をつないだ「もりおか」、仙台-青森間を運行した「くりこま」などの急行電車として活躍

「クモハ455形式電車」(455系電車)

東北地方の路線を走る「急行電車の顔」だった「455系電車」

した。

東北地方の路線は山間部を走るため、急勾配が多い。そこで、「455系」では、列車や車両を完全に停止させるためのブレーキ(停止ブレーキ)とは異なる、速度を一定以下に抑えるための「抑速ブレーキ」が搭載されている。抑速ブレーキを配備したことで、下り坂でも一定速度を保つことができ、安全性にも安定性にもすぐれた運行が可能となった。

さらに、そのスピードにも注目したい。急行とはいえ、設計最高速度は時速130km(最高運転速度は時速110km)。当時の特急電車の運行時の最高速度がおおむね時速120kmだったので、区間によっては特急顔負けのスピードで疾走する急行電車も見られたといわれている。

こうして東京以西から後れをとっていた東北地方にも、数多くの特急列車、急行列車が運行し、地方路線も活気を帯びていった。しかし、東北地方の特急・急行が「花形列車」でいられたのは1970年代までだ。1982(昭和57)年、東北新幹線の登場によって、その座は奪われる。

現在の上野駅16番線(17番線も含む)を発着する特急列車は「スーパーひたち」(上野—いわき・原ノ町・仙台間)、「草津」(上野—万座・鹿沢口間)などに限られており、仙台以北へ向かう特急列車は新幹線開通によって全廃された。新幹線の台頭により在来線の活気が失われるという現象もまた、東京以西から後れをとる形で、東北地方に起きたのだ。

59 旅客列車に無動力「客車」を使わないのは日本だけって、ホント?

機関車と電車の違いは何か。わかっていそうで、説明がつけられないという人も少なくないのではないか。車両自体が動力装置(蒸気・電気・ディーゼルなど)を備え、なおかつ車両を牽引する力をもっているのが機関車だ。

一方、電車は動力装置(電気)を備え、自走するが、牽引する力をもっていない。さらに、動力装置をもたない車両は、貨物を積む貨車と乗客を乗せるための客車だ。テレビ番組などで「鉄道の旅」をテーマとした映像を見ると、欧米を含むほとんどの国では、旅客列車は動力のない客車を機関車が引っ張っている。日本人が見ると、古くさい光景に見えるが、現在でもなお、機関車が客車を牽引するスタイルが「グローバルスタンダード」だ。なぜか？　それは、車両に動力がついていないほうが、車内の騒音や振動が少なく、乗り心地がいいからだ。

一方、現在の日本では、動力装置のない車両は貨車と寝台車以外はほとんどない。いわゆる「客車」はないのだ。特急列車も新幹線も、すべての車両には動力装置がついている。乗客の乗り心地が軽視されていると怒る人もいるかもしれないが、日本には独自の事情があって、旅客列車においても、すべての車両を「電車」で構成するようになった。

ダイヤが過密かつ緻密な日本の鉄道事情においては、運転操作が容易で、輸送量の増減に臨機応変に対応でき、折り返し運転が楽な電車がぴったりなのだ。また、重い機関車を使わずにすむことで、レールなどの負担も軽く、線路保全のうえでも効率がよい。日本の鉄道は利便性重視に考えられているのだ。

「クハ481形式電車」に連結されている「モハ484形式電車」も、やはり「電車」。先頭車両以外の車両も自走できる。誰かに引っ張ってもらうことを待たず、自ら動こうとする「働き者」たちだ。かつての日本人の姿、そのままではないか。

60 引退後も故障機の助っ人で、たびたび駆り出された機関車は？

前項で、日本の旅客列車は電車（動力つき）で構成されていると説明した。しかし、例外がある。寝台車だ。寝台車は動力装置をもたない。そこで、動力装置をもち、かつ牽引のできる機関車のお世話にならなければならない。こうした寝台列車の先頭車として活躍したのが「ＥＤ75形式電気機関車」だ。１９６３（昭和38）年、常磐線が平駅（現在のいわき駅）まで電化されるのにともない、旅客用から貨物用まで、広範囲にわたって運用できる電気機関車としてつくられ、１９７６（昭和51）年までに３０２両が製造された。

鉄道の電化には「直流電化」と「交流電化」の２種類の方式があり、前者は従来式で、システムが単純だが、大容量の送電ができない、変電所などの地上設備がかかるなどの短所があり、１９５７（昭和32）年以降、「交流電化」の導入が進められていた。

「ＥＤ75形」は交流電化用機関車であり、当初は東北本線・常磐本線用として製造されたが、性能のよさから重用され、耐寒耐雪装備を備えたタイプ、九州地区で使用するための60ヘルツ仕様のタイプ、北海道交流電化用タイプなど、さまざまなバリエーションがつくられた。

「ED75形式電気機関車」

寝台特急から貨物列車まで幅広く活躍した

展示されている「７７５号機」は、１９７５(昭和50)年に奥羽・羽越本線用に製造されたタイプで、耐寒耐雪装備も整っているうえ、塩害の腐食対策としての塗装も施されている。その後、東北本線全線電化にともない、寝台特急や高速貨物列車牽引用の高性能ブレーキ装置を備えた同形の「１０００番台」も、１９６８(昭和43)年から製造された。

いずれの「ＥＤ75形」も１９９３(平成５)年以降、運用が減少し、廃車・解体が進んでいるが、「７００番台」は、寝台特急「カシオペア・北斗星」の牽引車「ＥＦ81形」や、貨物列車の牽引車「ＥＨ５００形」の故障時に、整備し直され、駆り出されたといわれる。

第一線を退いてもなお頼られる、信頼のおける機関車であったことの証しだろう。

61 「0系新幹線電車」の「丸鼻」のなかはどうなっている？

「ヒストリーゾーン」の入口から見て、正面の一番奥の壁際に、2両の新幹線車両が見える。ひとつは先頭部分だけのカットボディーだが、丸い大きな「鼻」が愛らしい、初代新幹線車両、「0系新幹線電車」だ。東京オリンピックの開幕を10日後に控えた1964（昭和39）年10月1日に開業した新幹線の初運行を飾ったのが「0系」だ。1986（昭和61）年までに、改良を繰り返しながら、3216両が製造された。

その目玉はなんといっても、スピードだ。「夢の超特急」との異名をとり、最高速度時速210kmを実現し、名古屋と京都だけに停車して走破する速達タイプの「ひかり」は、東京―新大阪間を3時間10分（開業後1年間は速度を抑えて走り、翌年11月に達成した）で結んだ。

それまでの特急列車がおおむね時速120kmで、東京―大阪間を6時間半かけて走っていたのだから、当時としては、まさしく夢のような速さだった。

開業当時、間違いなく「世界最速」だった新幹線車両は、高度経済成長まっただなかの日本が、その高い技術を世界にアピールするのに恰好のシンボルであった。

「21形式新幹線電車」（0系新幹線電車）

「丸目丸鼻」がどことなく愛らしい「0系新幹線電車」

高速運転を可能にした空気バネ台車、安全性を高めるためのATC（自動列車制御装置）などを備えたことも特筆に値するが、とりわけ話題になったのは、その外観だ。空気抵抗を減らすために用いられた丸っこい流線形の先頭部は、航空機の先端の形を応用したものだ。が、左右のヘッドライトを「目」、中央の丸いカバーを「鼻」に見立てると、動物の顔のようにも見え、愛着がわいてくる。

ところで、この「丸鼻」のなかには何が入っているのだろうか。実は、このなかには非常用の連結器が備えられてある。万一、新幹線が走行不能な状態に陥ったとき、この鼻のカバーを開けて牽引車に連結し、引っ張ってもらうことになるのだが、その姿を想像すると、少々、滑稽に思えるではないか。

62 44年の歴史に幕…「夢の超特急」の5つの謎

「0系新幹線電車」は1964(昭和39)年10月のデビューから44年を迎える。そして、2008(平成20)年11月をもって、山陽新幹線での定期運行を終了し、すべての「0系新幹線電車」は、その歴史に幕を閉じることになる。

それにともない、2008年3月から、デビュー当時の塗装に「お色直し」をして、運行している。「懐かしのカラー」は国鉄色の「クリーム10号」(アイボリーホワイト)と「青20号」(青)の配色だ。では、その別れを惜しみ、「0系新幹線電車」にまつわるクイズ5番勝負に挑戦していただこう

●第1問 「0系」に特徴の丸い先頭部が、「300系」「500系」「700系」と新しくなるにつれ、尖っていったのはなぜ?

――「300系」や「500系」ではトンネル進入時に先頭部で立ち上がりやすい圧縮波(空気を圧縮させた波のことで、衝撃波のもととなる)を抑えるため、「700系」では、先頭車両の定員を増やすため、客室を大きくしたので、先端を尖らせた形になった。

●第2問 新幹線構想はいつ頃編み出された?

――1940(昭和15)年に国会に提出された、東京－下関間を最高速度時速150㎞で運転できる列車をつくろうという「弾丸列車計画」が発端だ。国会で5・5億円の予算がつき、用地買収もこの頃から始まった。新幹線が開業した当時、イギリスでは「0系」を「Bullet Train」(弾丸列車)と紹介していた。

●第3問　なぜ「0系」という名称がつけられたのか？

――新幹線電車の形式名は3桁の数字で表わすことになっており、「100系」「300系」「500系」「700系」と続いている。「21形」は、本来は「021形式」という3桁の数字で示されるもので、通常は百の位を省略して「21形」と呼んでいるにすぎない。百の位が「0」なので、「000系」、つまり「0系」なのだ。

●第4問　「0系」の時代が長く続き、後継車両がなかなかできなかったのはなぜ？

――「0系」の形式名をつけた際、後継車両のために100番台を欠番にしたが、「100系」が製造されたのは、21年後の1985(昭和60)年だ。それまで、車両の技術開発よりも、路線の延伸に力が入れられたため、後継車の登場が遅れたといわれている。

●第5問　初代新幹線が「ひかり」「こだま」と呼ばれたわけは？

――「ひかり」は公募の得票数1位で決まった。光速に次いで速い音速をイメージさせ、「ひかり」とペアを組ませるのがよいということで「こだま」(木霊＝音)が選ばれた。

63 上越新幹線がマークした国内最高速度とは？

「0系新幹線電車」のカットボディーの横に、東北・上越新幹線でおなじみのクリーム色と緑色のツートンカラーの車体が見える。これが、「222形式新幹線電車」（200系新幹線電車）だ。

「200系」は「100系」よりも早い、1982（昭和57）年に製造された。なぜ、100番台を飛ばして200番台にしたのかは、前項で触れたとおり。「0系」が製造されたときに、東海道・山陽新幹線系統の次期車両用に、100番台を欠番にして取っておいたからだ。ついでにいえば、東海道・山陽新幹線系統の車両には百の位が奇数になるよう番号を振るというルールが決められている。その後、「300系」「500系」「700系」と続いているのはそのためだ。

さて、「200系新幹線電車」は、先頭部分を見ると、「0系」とよく似た「丸目丸鼻」の顔をもつ。しかし、東北・上越新幹線用につくられた車体は、降雪・極寒による、冬の厳しい気象条件と、山の多い地形であることからくる、連続勾配区間の多さの両方に対応できる仕様となっている。

「222形式新幹線電車」(200系新幹線電車)

1985年以降は「0系」「100系」を上回るスピードで走った「200系」

通常の車両では床下にむき出しに設置されている機器類を車体内に収めるため、床下まで覆った「ボディーマウント」と呼ばれる独特の構造を採用したり、車体前頭部の下部の排障器(「スカート」と呼ばれる部分)に、雪をはねのけるための「スノープラウ」を一体化させたりしている。また、連続勾配に対応させて、モーターの出力を「0系」の185キロワットを大きく上回る230キロワットに引き上げた。

そして、速度でも「0系」には負けなかった。「220系」は1985(昭和60)年から、最高運転速度を当初の時速210kmから時速240kmにアップさせた。1986年時、「0系」の最高速度が時速220km、1985年に登場した「100系」の最高速度も時速230kmだったから、この頃は、事実上、「200系」が国内最速新幹線だったのだ。

さらに、上越新幹線の下り列車では、上毛高原－浦佐間に限り、時速275kmをマークしながら走ったこともあるといわれている。これは、1992（平成4）年に登場した、「300系」の最高運転速度時速270kmをも上回るスピードだ。

かつて、鉄道路線の拡大、電化の普及、特急の導入など、あらゆる面で後れをとってきた東京以北の鉄道事業が、「新幹線のスピード」という点において一矢報いた形となった。

64 新幹線が起こした初の脱線事故の真相は？

「200系新幹線電車」で思い出されるのは、2004（平成16）年10月23日に発生した新潟県中越地震に際し、震源地に近い上越新幹線浦佐－長岡間を走っていた「とき325号」（東京発新潟行き、10両編成）が起こした脱線事故だ。乗客乗員が155人いたが、負傷者や死者は出なかった。

しかし、「新幹線の脱線事故」という未曾有の出来事に、事故直後は、その安全性が揺らいだかのようなマスコミ報道がなされ、人々の不安をあおることとなった。最大震度7を記録した直下型地震が起きた際、10両中の8両（6・7号車を除く）が脱線したという事実は、客観的にどう受け止めるべきなのか。

結論からいおう。この規模の地震に際し、高架橋を時速200㎞で走っていた新幹線車両が脱線こそしたものの、車体の横転や転覆を免れたこと、高架橋の支柱が折れるなどして崩壊せずにすんだことは、新幹線の安全性の高さを裏づけるものだと、多くの専門家は指摘している。

また一方で、大惨事に至らなかったのは、幸運もあったとされている。たとえば、同じ事故が東海道新幹線で起きた場合、高架橋から車両が転落した恐れもあった。上越新幹線の線路脇には、豪雪地方にしか設置されていない「排雪溝」があり、脱線した車輪がここにはまりこんだために、線路から大きく逸脱せずにすんだのだ。もし、排雪溝がなければ、車輪が軌道から大きく外れて、車両も転落していたかもしれない。

このほか、脱線地点が長岡駅の手前で、運転士が減速を始めていたこと、線路が直線だったこと、対向列車がなかったことなど、幸運が重なったのも事実だ。

その後、事故調査委員会が公表した報告書によれば、「現行の鉄道システムでは、脱線事故を完全に防ぐことは困難」とされ、国土交通省でも、「もし脱線したとしても、大きな逸脱が起こらないよう、車両ガイド機構の取りつけが必要」という対応策を示した。このシステムは、2008(平成20)年内にはすべての新幹線路線において完了する予定だ。

65 「桃太郎」「金太郎」などの愛称をもつ機関車があるってホント?

旅客用車両に比べて貨物用車両は、一般的に馴染みが薄い。しかし、今でこそ、国内における貨物輸送は自動車輸送(90%のシェア、鉄道貨物のシェアは1%)が主流となっているが、第二次世界大戦後の復興期(1945年以降)は、陸上貨物輸送の大部分を鉄道貨物輸送が担っていた。

なぜ、鉄道貨物が衰退していったのか。その理由は、中継地での積み替えが多く、荷物の到着までに日数がかかるのに対し、トラック輸送では小回りが利き、少量の荷物を短時間で輸送できるといった利点があったからだ。日本列島を高速道路が縦断するようになり、地方の隅々にまで道路が整備されていくのとともに、自動車輸送が優勢となっていった。

こうしたなか、鉄道貨物事業は赤字となり、国鉄も事業の見直しを迫られることとなる。コスト削減のため、主要な拠点間の直行輸送に限定し、輸送品目も効率重視に基づいて、石油・化成品・セメント類などに重きがおかれるようになった。

しかし、衰退の一途をたどるかにみえた鉄道貨物に、今、新たな転機が訪れようとしている。近年、にわかに脚光を浴びてきた環境問題の観点から、大量のCO2(二酸化炭素)

を排出する自動車輸送に頼っている現状を見直すべきとの声があがっているのだ。国でもこの問題には積極的に取り組んでおり、自動車輸送事業における低公害車の開発・普及を図るとともに、環境負荷の小さい鉄道輸送へのシフトを推進している。

こうした事情を背景に、今後、鉄道貨物の位置づけも変わってくるかもしれない。最近では、貨物用電気機関車に愛称がつけられるなど、一般の人たちとの距離も、やや縮まってきた感がある。JR貨物が機関車に初めて愛称を採用したのは、2000（平成12）年で、「EF210形電気機関車」に「ECO-POWER桃太郎」という名称が決定された。「桃太郎」のロゴは車体側面中央に大きく描かれており、その姿をどこかで見たことがある人もいるかもしれない。

愛称は公募によって決められているが、「桃太郎」の場合、「EF210形」が岡山機関区の所属だったことから、最適として選ばれた。「桃太郎」に対抗する形で、「EH500形電気機関車」には「ECO-POWER金太郎」の愛称がつけられている。愛称の一部に「ECO」の文字を入れてあるところに、次世代輸送システムをアピールしたいとの思いがこめられているのかもしれない。

鉄道博物館にある貨物用車両は、すべて2000年以前に製造されたものなので、愛称はついていないが、鉄道輸送の歴史と未来に思いを馳せながら、展示物を見てほしい。

66 「DD13形」機関車の運転室は、なぜ車体の中央にあるのか？

日本の鉄道貨物輸送の歴史は、旅客鉄道が開業した1872（明治5）年10月14日の翌年、1873（明治6）年9月15日に始まった。この頃は、イギリスから輸入した木造車両を用いて貨物列車を編成していたが、翌年から国産貨車の製造がスタートする。

それ以前の国内輸送は海運、水運（河川・運河）が主流で、あとは人馬に頼るしかなかったような時代だ。もちろん、まだ自動車やトラックも登場していない。大量の貨物を遠方まで早く運べる鉄道輸送はみるみる需要が増していった。

貨車を牽引する機関車は、第二次世界大戦直後までは主に蒸気機関車だった。しかし、戦後復興期から昭和30年代にかけて、蒸気機関車の煤煙は敬遠され、鉄道貨物にも近代化の波が押し寄せてくる。

その波は、まず、操車場（貨物列車の組成や入れ替えを行なう場所）の入替用機関車から始まった。それまで、入替用機関車としては、蒸気機関車以外には「DD12形」というディーゼル機関車があったが、これは、第二次世界大戦後にアメリカ軍が持ちこみ、のちに国鉄に譲渡されたものだ。

「DD13形式ディーゼル機関車」

運転室を中央に設けるセンターキャブ方式を採用した

しかし、出力が弱く、牽引力に乏しかったことから、パワーアップを図ることを主な目的として、1958（昭和33）年から国内で製造されはじめたのが「DD13形式ディーゼル機関車」だ。

大きく前にせり出したボンネット、車体の中央に設けられた凸型の運転室（センターキャブ方式）が特徴だ。運転室を中央に配置してある理由は、車体構造がシンプルになり製造コストが抑えられること、エンジンの保守点検が楽なこと、運転台から前後を見た際、車体長が短くなるぶん、見通しがよくなることなどの利点があったからだ。

「DD13形」は1967（昭和42）年までに416両が製造され、入替用としてだけでなく、貨物支線における運転も行なった。

67 勢いを増す自動車輸送に対抗するためにつくられた新兵器とは？

1963（昭和38）年に日本初の高速道路（名神高速道路・栗東IC－尼崎IC間）が開通し、その後も拡大していく高速道路網によって、自動車輸送は「速さ」で鉄道輸送を圧倒していく。荷主にしてみれば、早く荷物が届くということは最大の魅力だ。劣勢にまわった鉄道輸送は、「速さ」で自動車輸送に対抗する手段を講じなければならなくなった。

そこで考案されたのが「高速貨物列車」だ。「貨物列車は遅い」というイメージを払拭するため、高速運転を実現する新型電気機関車の製造に着手することとなった。こうして生まれたのが、「EF66形式電気機関車」だ。

目標は、在来線の東海道本線で運行していた特急「こだま」の東京－大阪間を所要7時間で走ることで、これには最高運転速度を時速100km出せる性能が必要だった。

貨物用機関車の場合、牽引する列車の重量もかさむので、そのためには、大幅な出力アップが求められ、既存のモーターだと、8個搭載しなければならない。つまり、8本の動輪軸が必要ということだ。

本章の『48「マイテ」「スイテ」「マロテ」って何のこと？』（114ページ）の項で紹介

「EF66形式電気機関車」

自動車輸送に対抗する高速貨物列車の先頭に立った

したが、動輪軸が8個の場合、機関車の形式名は「EF」ではなく、「EH」になる。

しかし、実際には、モーターの性能そのものも向上させることができたため、モーター6個、動輪軸6本で十分な出力が得られたことから、「EF」となったわけだ。

「EF66形」は、650キロワットの出力をもつ新型モーターを6個搭載し、出力3900キロワットという、当時の国内の最高出力を誇る電気機関車として誕生した。

また、このパワーは当時の狭軌鉄道（線路幅が国際標準よりも小さい鉄道）においても、世界最大だった。

こうして、最高運転速度、時速100kmを実現し、勢いを増す自動車輸送に対抗し、巻き返しを図ったのだ。

68 動力をもたない貨車も「高速輸送」用に開発！

「高速貨物列車」を可能にするのは、先頭に立って列車を牽引する機関車の性能だけではない。ムカデ競走で、先頭の人がどんなに足が速くても、後続者の足がそれについていかなければ、グループの全員が転んでしまう。貨物列車にも同じようなことがいえる。貨物列車では、先頭車が機関車、後続車が貨物を載せる貨車だ。

鉄道輸送全盛期には、貨車にもいろいろなバリエーションがあった。鮮魚などを水揚げ地から輸送するための保冷装置を備えた冷蔵車、魚を生きたまま運ぶ水槽つきの活魚車、ウシやヤギを運ぶための家畜車、自動車を運ぶための車運車、事故の復旧用資材を積みこんだ救援車等々、どれも今ではお目にかかれない。

現在の主要な貨車といえば、コンテナ車（コンテナを台枠の上に固定して運ぶ）、大物車（大型変圧器など重量のあるものを運ぶ）、長物車（レールなど長いものを運ぶ）、タンク車（石油などの液体、粉状のものを入れて運ぶ）、ホッパ車（鉱石や砕石などを入れる漏斗状の構造をした貨車）などだ。

「EF66形」に連結されている貨車は、そのうちのコンテナ車だ。台枠の側面に「コキ5

「コキ50000形式貨車」

「高速貨物列車」の一員として活躍し、今なお走りつづける

0000」の形式名が見える。「コキ」の「コ」は「コンテナ車」を表わし、「キ」は重量（最大積載量）を表わす記号で、「25t以上」の積載が可能という意味だ。

1966（昭和41）年、「コキ50000形」の前身となる「コキ10000形」が登場し、時速100km走行に対応できる貨車として注目を浴びた。まさに、高速貨物列車の一員にふさわしい貨車といえる。しかし、これを牽引できる機関車は限られていたため、より汎用性のある「コキ50000形」が1971（昭和46）年に製造された。

当初は時速95km対応だったが、製造コストが低く、保守も容易であったことから、1976年までに3631両が量産され、現在もなお、各地で現役として活躍している。

69 敵を味方にしてしまう「フレートライナー」方式輸送とは？

「コキ50000形式貨車」の台枠上に積載されている緑色のコンテナの側面に、「戸口から戸口へ」のキャッチフレーズが見える。コンテナを荷主の戸口から戸口へ運送するという発想は、昭和初期にはすでにあり、1938（昭和13）年頃には耐久性があり、破損や盗難から貨物を守れて、ドア・トゥ・ドアで荷主に荷物が届けられるコンテナを活用した一貫輸送が発達した。

ドア・トゥ・ドアをさらにきめ細かに実現するために、1969（昭和44）年に導入されたのが、「フレートライナー」方式輸送だ。この方式では、貨物列車による輸送は拠点貨物駅間のみに限り、拠点駅からさらに末端部へは、小回りの利くトラックに積み替え、目的地まで運送するという方法だ。

「フレートライナー」では、貨車の台枠に載せてある貨物をコンテナごとトラックに載せ替える。積み替えの時間もかからず、速達性においてもすぐれていることから、この方式はその後、鉄道貨物輸送の主流を成すようになった。

鉄道輸送の足りない要素を自動車輸送で補おうというのだから、まさしく「昨日の敵は、今日の友」といった感じだ。しかし、「フレートライナー」方式は、自動車輸送にとっても、長距離における速達性でまさる鉄道輸送に自らの弱点を補ってもらうことになるわけで、双方にとって都合のよいシステムだといえるだろう。

「フレートライナー」は、現在も鉄道貨物輸送の根幹をなす事業だ。かつての「高速貨物列車」は「スーパーライナー」の通称で親しまれ、現在は、「EF66形」をはじめ、新世代機といわれる「EF200」や「EF210」(「ECO-POWER桃太郎」)が牽引し、時速100kmから110kmで運行している。

さらに、2004(平成16)年からは、機関車牽引ではなく、「特急貨物電車」(通称「スーパーレールカーゴ」)が登場した。動力のある貨物電車と動力のない付随車で編成される列車だ。なんといっても注目されるのは、世界初といわれる「貨物電車」、「M250系電車」の活躍だ。最高運転速度は時速130kmを誇る。

もっとも、電車による貨物輸送を可能にし、速度が出せるのも、貨物の重量が軽いからだ。「スーパーレールカーゴ」のコンテナは、この運営にJR貨物と共同でかかわっている佐川急便の所有するもので、荷物も宅配便の小口の積み合わせとなっている。

今は、鉄道がすべての輸送を独占できる時代ではない。競争相手と、ときには手を組み、相互扶助しながら生き延びていく時代なのだ。

70 「とびうお」「ぎんりん」の愛称をもつ特急って、何？

「コキ50000形式貨車」の後ろに連結されている白い箱形の貨車は「レムフ10000形式貨車」という。車両の形式名については、本章の『48「マイテ」「スイテ」「マロテ」って何のこと？』（114ページ以降）の項で少し触れたが、「レムフ」の意味についても説明しておこう。

「レ」は「冷蔵車」、「ム」は「コキ」の「キ」と同じく重量を表わす記号で、最大積載量が「14～16 t」であることを表わしている。ついでながら、貨車の重量を表わす記号は軽いほうから「ム・ラ・サ・キ」と語呂合わせされてある。13 t以下の場合は「記号なし」となる。そして、「レムフ」の「フ」は、この章の『49 展望車はなぜ「縁起が悪い」と不評だったのか？』のなかでも紹介したが、「緩急車」（手ブレーキがついている車両のことだが、この貨車の場合は車掌室つき）という意味だ。

昭和40年代、冷蔵車がそれまで担ってきた鮮魚輸送もトラック輸送にその座を譲りつつあり、自動車輸送に対抗するために、高速化が大きな課題となっていた。「レムフ10000形式貨車」は、1966（昭和41）年に、時速100 kmに対応できる冷蔵車として新し

「レムフ10000形式貨車」

特急鮮魚貨物列車に動員され、水揚げ地と大阪・東京を結んだ

く製造されたものだ。車掌室のついていない同形式の「レサ10000形式貨車」もあわせてつくられた。

　車体は断熱構造になっており、表面が白く塗装されているのは、太陽熱を反射させるためだ。車内には、ドライアイスや氷を積む専用棚があり、長時間、車内を低温に保てるようになっている。

「レムフ10000形式貨車」も「レサ10000形式貨車」も、九州の長崎、西唐津、博多港、上戸畑などと大阪・東京を結ぶ、特急鮮魚貨物列車の専用貨車として運用された。特急貨物列車には、車掌車が連結できないため、「レムフ10000形式貨車」が製造され、各列車の編成には、「レムフ」が1両ずつ組みこまれることになっている。

「レムフ」の冷蔵室部分は白色に塗られているが、車掌室部分は青く塗り分けられている。車掌室のなかには、トイレもストーブも完備されてあり、快適にすごせる空間となっている。

「レムフ」「レサ」の両形式とも、長崎－東京間を運行する鮮魚特急列車「とびうお」、博多－大阪間を運行する「ぎんりん」に動員され、活躍した。

鮮魚列車の高速化により、従来の貨物列車輸送では、長崎－東京間が42時間30分かかっていたのに対し、27時間に短縮され、東京市場でセリにかけられる日も1日早くなったといわれている。

しかし、昭和50年代に入ると、鮮魚輸送もコスト面で有利なトラック輸送へのシフトが進み、冷蔵車の需要は減っていく。その一方で、冷蔵機能をもつコンテナが開発され、冷蔵車よりも輸送効率のよいコンテナに移行していった。

そして、1986（昭和61）年、「レムフ10000形式貨車」も「レサ10000形式貨車」もすべてが廃車処分となったのだ。

PART4 ラーニングゾーン

――鉄道の科学に迫る謎

71 なぜ、日本の鉄道の線路の幅は狭いのか？

鉄道博物館の「ラーニングゾーン」では、鉄道のしくみや原理を実物展示や模型などを使ってわかりやすく紹介している。この章では、そうした展示に触れながら、さらに鉄道への興味が倍増する話題を提供しよう。

「ラーニングゾーン」2階の入口近くに展示してある実物レールと車両の動輪（車輪と車軸）をじっと見てみよう。その形、大きさ、質感……。ふだん電車に乗っているときには気づかない発見や疑問がいろいろと湧いてくるのではないだろうか。

さて、ここでは、線路の幅（2本のレールの間隔）について考えてみたい。線路の幅のことを「軌間」という。軌間については、国際的な標準軌があって、その幅は1435㎜（4フィート8・5インチ）となっている。

これに対し、日本の主な鉄道（JRと主な私鉄）の軌間は1067㎜（3フィート6インチ）だ。世界的にみると、狭軌を採用しているのは、中南米やアフリカ、アジアなどで、欧米各国では、標準軌か広軌（軌間が4フィート8・5インチを超えるもの）が主流だ。なぜ、日本の線路は狭いのか。

１８６９（明治２）年に日本の鉄道建設は始まった。このとき、鉄道敷設計画をサポートしたのは、日本よりも約50年早く鉄道創設を実現していたイギリスだ。当時の政府は、イギリス人技師の指導のもと、イギリス流にならった鉄道事業を展開していった。

しかし、イギリス人技師らは、自国では広軌を採用していながら、日本には狭軌の導入を薦《すす》めたと伝えられている。当時、日本の国力が弱かったことに加え、経済的にコストが抑えられ、山の多い日本の地形において、より工事がしやすい狭軌が好ましいと判断し、提案したらしい。

その後、国内では、日清戦争・日露戦争などに際し、スピードや輸送力で標準軌・広軌に劣る狭軌を広げようとする、「改軌論争」が起こった。しかし、いったん敷設したレールを全部つけ替えるためには、膨大な時間とコストを覚悟しなければならない。それより、むしろ、路線を拡大していくことに予算をつぎこんだほうが得策とする考え方が支持され、結局、改軌には至っていない。

ただし、標準軌を採用できる最高のチャンスがのちに訪れる。「新幹線」の敷設計画だ。在来線と比べ、さらなるスピードと輸送力が要求される新幹線で、１４３５㎜幅の標準軌の導入が実現した。なお、現在は、ＪＲ在来線の一部の路線をはじめ、東京地下鉄や都営地下鉄の一部の路線、私鉄のなかにも標準軌を採用しているところが増えてきている。

72 砕石の上に敷いた線路とコンクリ上の線路はどう違う?

「ラーニングゾーン」2階の窓際に、2種類の線路が展示されている。砕石の敷いてある上にまくら木があり、そこに固定されてある線路と、コンクリート板の上にじかに固定されてある線路だ。前者は「バラスト軌道」(バラスト=敷かれてある砕石のこと)と呼ばれ、後者は「スラブ軌道」と呼ばれている。

スラブ軌道のほうが、バラスト軌道より軌間が広いのに気づくだろう。展示では、スラブ軌道は新幹線の線路として再現されているからだ。

バラスト軌道は、建設コストは低いが、列車の通過による振動や衝撃などで、砕石がずれたり、レール下にめりこんだりして、レールに歪みを生じさせやすい。そのため、線路の保守点検が欠かせず、保守コストがかかる。

これに対し、スラブ軌道は、コンクリート床に埋めこんだ取りつけ金具でレールを固定する方式で、建設コストはかかるが、レール位置がずれる心配がないので、保守コストを低く抑えられる。スラブ軌道は日本で考案された方式で、山陽新幹線の建設時に初めて採用された。

「バラスト軌道」と「スラブ軌道」

保守に手間がかかるバラスト軌道(写真左奥)と
新幹線などに採用されているスラブ軌道(写真手前)

唯一の欠点は、バラストに備わっている列車走行音の吸収効果がなく、走行時の騒音・振動が大きいということだ。こうしたことから、住宅密集地や市街地の地上路線では、あまり採用されない。

山陽新幹線以降、すべての新幹線はスラブ軌道を用いている。

特に、降雪量の多い東北・上越新幹線では、車両下部に付着した氷が走行中に線路上に落下することがあるため、バラスト軌道ではなく、スラブ軌道のほうが望ましい。

東海道新幹線建設にあたり、国鉄技師長として携わった島秀雄が、のちに、「毎冬、雪に悩まされる関ヶ原地区だけでもスラブ軌道を採用したかった」と悔やんだ、という話は有名だ。

73 進行方向を変えるための、車輪に隠された秘密とは？

「バラスト軌道・スラブ軌道」の展示の隣に、ポイントの切り替えが体験できる展示がある。私たちは一般的に「ポイント」と呼んでいるが、正しい名称は「分岐器」だ。線路が枝分かれしているところに設置されてある装置で、目的の進路に車両を進ませる役割を担《にな》っている。

分岐器には、いろいろな種類がある。最も単純な形のものは、「片開き」と呼ばれるタイプで、本線に対し、右か左の一方に枝分かれしていく。「両開き」は右と左の両方に枝分かれしていくタイプ、また、右と左で分岐の角度が異なり、左右の線路の曲線が違った形をしているものは「振り分け」と呼ばれる。

線路に分岐器がなければ、いったんレールに載った列車は永遠に同じ線路を走りつづけなければならない。鉄道車両の方向転換を行なうことは、車両自身にはできないのだ。では、分岐器だけで、列車の進行方向が自在に変えられるのかというと、それも正しくない。たとえば、左に枝分かれする「片開き」の分岐点で、列車を左にカーブする分岐線に進ませるケースを考えてみよう。分岐器のポイント部には、基本レールの内側に沿って、先端

分岐器のしくみ

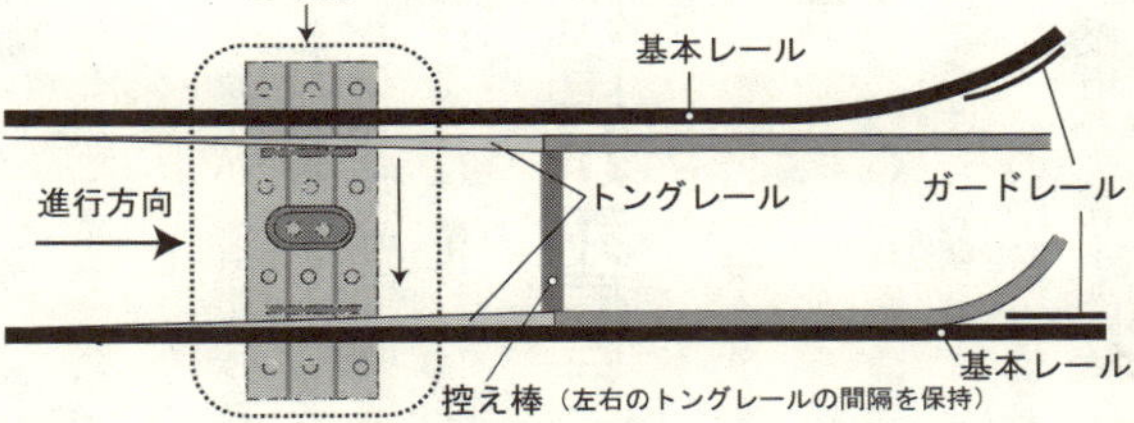

●この図では、カーブの分岐線に進行させるために、トングレールを右に寄せている

トングレールを左右に動かすことで車輪のフランジが誘導され、進行方向が定まる

のとがった「トングレール」が敷かれている。このトングレールが列車の進行方向に従い、左右にずれて車両をガイドするしくみになっている。

しかし、レールがガイドしても、肝心の車輪がそのガイドに従ってレールを選択できなければならない。そのレールの意図をくみとる秘密が「フランジ」だ。フランジとは、車輪の内側にある出っ張り部分のことだ。このフランジは、レールの内側側面にひっかかるような形で接しており、脱線を防ぐための構造でもある。

左にカーブする分岐線に進ませようとする場合、トングレールは右にずれて、右側の基本レールと右トングレールを密着させる形になる。一方、左トングレールは左側の基本レールから離れて、そこにわずかな隙間をつくる。この隙間を車両の左車輪のフランジが通り抜けることができるため、車両が基本レールに沿って左にカーブしていくのだ。

さらに、本線の左レールと、分岐した線路の右レールがクロスするところでは、本線の左レールがわずかに途切れる箇所をつくってあり、この隙間を右車輪のフランジが通過して、分岐した線路にスムーズに入っていけるようになっている。

車両の進む方向を主導的に決めているのは線路だが、導かれた方向へスムーズに進路移動していけるのは、車輪に備えられたフランジのおかげなのだ。

74 列車が赤信号を無視して進んだらどうなる?

2005(平成17)年4月25日、JR福知山線の塚口－尼崎間にあるカーブ地点で列車脱線転覆事故が起こり、死者107名、負傷者555名を出す大惨事となった。

事故原因について兵庫県警や事故調査委員会が詳細な調査を行なってきたが、脱線の直接の原因はいまだ判明していない。当時、報道で、いくつかの可能性が指摘されていたが、そのなかに、この路線に設置されていた「ATS」(自動列車停止装置)が最も古いタイプのもので、整備の後《おく》れが事故を防げなかった原因ではないかとする見方もあった。「ATS」

とは、線路を走行中の列車が赤信号を無視して進んだり、指示速度を超過して走ったりしたときに、乗務員に警報で知らせたり、列車のブレーキを自動的にかけて、列車を停止させたりする装置のことだ。

これとは別に、信号で指示されている速度を超過して走行した際、列車に自動的にブレーキがかかり、一定の速度に落ちると自動的にブレーキのかけ方をゆるめるしくみの「ATC」(自動列車制御装置)もある。運転士も人間であり、ミスを犯すことはある。これらは、運転士が万一、信号を見落としても、先行列車や後続列車と衝突しないように考えられたシステムだ。

福知山線の事故は、最新式の「ATS」を導入していなかったことが一因なのだろうか。大半の専門家は、この見方に否定的だ。「ATS」は列車にブレーキをかける装置だが、これを機能させるためには、地上で列車の走行速度などを照査し、その情報を列車に知らせる装置が必要となる。福知山線の事故区間には、この速度照査装置が設置されていなかった。ブレーキをかける機能はあっても、速度超過の危険を察知する機能が備わっていなかったということだ。

JR西日本は、事故後、新たに1234カ所のカーブ地点に、速度照査装置を設置し、安全性の強化に努めている。

75「進め・注意・止まれ」だけではない鉄道信号機の謎

前項で、「信号が指示する速度」があることに触れたが、鉄道で使われる信号機は、子供でもわかる、「進め・注意・止まれ」が基本の道路の信号とは違うのだろうか。

鉄道で用いられる信号は、主に、2~5個の電球を用い、その色と組み合わせによって、さまざまなサインを示す「色灯式信号機」と呼ばれる。2つの電球を使った信号は「二灯式」、5つの電球を使ったものは「五灯式」という。

時速160㎞の最高運転速度を出す特急列車が走る北越急行ほくほく線では、例外的に、ランプが6ついた「六灯式」の「高速信号機」が設置されている。

使われる色は赤・橙(黄)・緑の3色で、それぞれの色の基本の意味は、赤が「停止」、橙(黄)が「注意」、緑が「進行」で、この点は道路信号と変わらない。

しかし、同じ色が2ついたり、異なる色が2ついたり、それぞれが点滅したりといった具合に、組み合わせとつき方で、意味が異なってくる。

道路信号との大きな違いは、制限速度や減速、抑速の指示もする点だ。たとえば、「進行」の指示は「速度制限なし」、「注意」の指示は「時速40㎞~55㎞以下」というように、

信号の点灯パターンと指示

	二灯式	三灯式	四灯式A	四灯式B	五灯式
進行 速度制限なし	緑	緑	緑	緑	緑
減速 50km/h〜75km/h以下				黄 緑	黄 緑
注意 40km/h〜55km/h以下		黄	黄	黄	黄
警戒 25km/h以下			黄 黄		黄 黄
停止	赤	赤	赤	赤	赤

具体的な速度の規程が設けられている（制限速度等は、鉄道事業者や路線によって若干異なる）。

また、信号機は設置されている場所によって、指示の意味が違ってくる。駅の手前にあるのは「場内信号機」と呼ばれ、停車場内への進入の可否を指示するものだ。これに対し、駅のすぐ先に設置されているのが「出発信号機」で、発車の可否を指示する信号機だ。運転士が「しゅっぱーつ、しんこう！」とかけ声をかけているのを見たことがあるだろう。これは、「出発信号機」が「進行」を示していることを確認した際のかけ声だ。

このほか、前方を走行している列車との追突を避けるために設置されている「閉そく信号機」もある。

76 ハンドルのない鉄道車両がカーブをうまく曲がれる理由は?

さて、カーブの話題が出たところで、もうひとつ、カーブと車両の科学について考えてみよう。「ラーニングゾーン」2階の入口から見て左手奥に、車両が「カーブをうまく曲がる工夫」について紹介しているコーナーがある。鉄道車両の運転席にはハンドルがない。その車両が自動車のように上手にカーブを曲がるコツはどこにあるのだろうか。

鉄道車両は運転士の操作によって方向変換を図ることはできない。ほとんどがレールまかせで、そのレールに導かれるように走っていく。ただし、レールの主導にうまく従うために、動輪の「フランジ」(動輪の内側にある出っ張り部分)が不可欠な役割を果たしているのだ。

カーブしたレール上を車両が通過する際は、遠心力(外に押し出す力)が働き、車両自体は外側に大きく振れようとする。

しかし、動輪のフランジがレールにひっかかることで、レールを外れることなく、カーブをうまく曲がることができるのだ。しかし、フランジの働きは、カーブを曲がるための「必要最低限」の技術といえるだろう。実際には、車両にも、線路にも、カーブをスムー

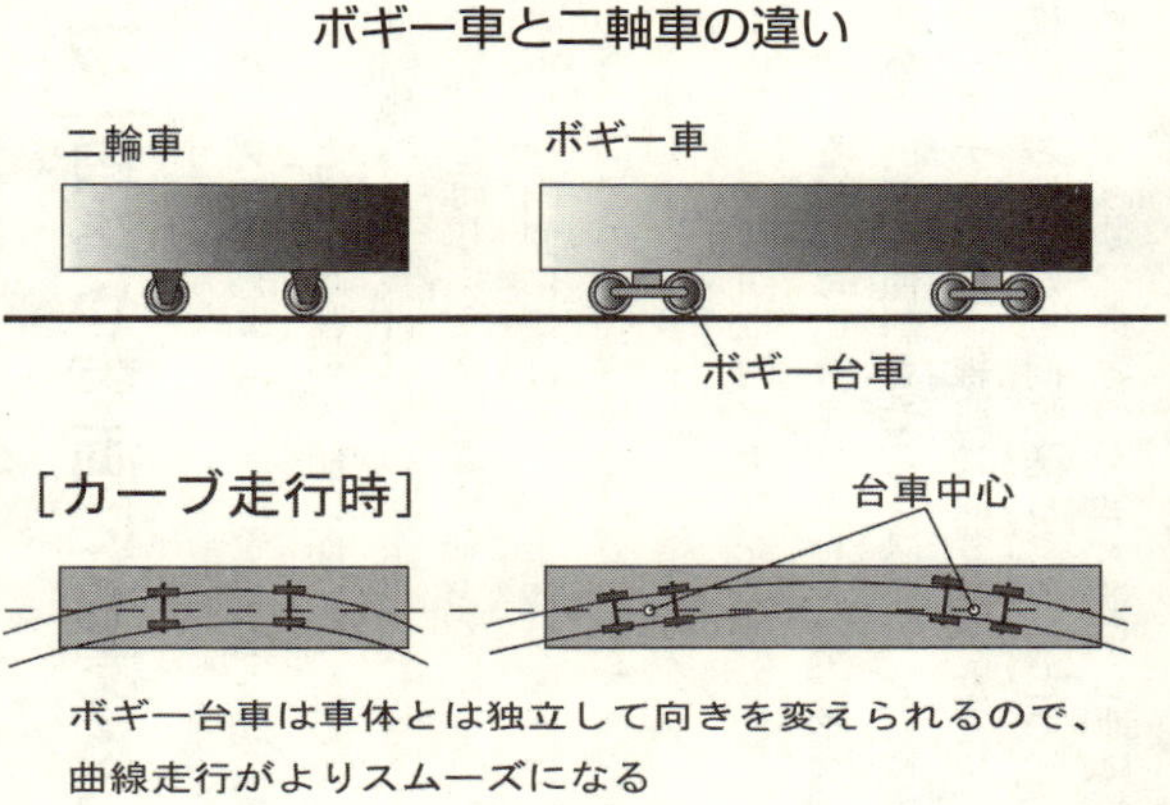

ボギー台車は車体とは独立して向きを変えられるので、
曲線走行がよりスムーズになる

ズに走行するためのもっと細かな技術が施されているのだ。車両に備えられた技術のひとつに、PART1『19　北海道の「開拓使号」客車にのみ施された超高級仕様とは？』（53ページ以降）で触れた、左右に首が振れる「ボギー台車」があげられる。

車体下に取りつけられる台車が二軸車の場合、車輪は常に車体に対して平行な向きで固定されているが、ボギー台車では、台車部分が独立して回転するため、レールの曲線に沿った向きに動く。そのため、よりスムーズな曲線走行が可能になるのだ。

特に車体の長い車両では、二軸車の構造ではカーブが曲がりきれなくなるおそれがある。現在のほとんどの鉄道車両は、ボギー台車を採用したボギー車が一般的となっている。

77 線路や車両にもある、カーブをうまく曲がれる工夫

カーブ走行をスムーズにする工夫は線路にもある。電車に乗っていて、カーブにさしかかったとき、車体が内側に傾いているのに気づいたことがあるだろう。カーブでは、線路は内側のレールは外側のレールよりも低くなっている。つまり、競輪場の競走路のバンク(傾斜)と同じような構造になっているのだ。

車体を内側に傾けると、車体の床面に対してかかる遠心力を小さくすることができるためだ。満員の通勤電車では、カーブ通過の際、立っている乗客が足を踏ん張っていなければ、全員がカーブ外側になだれるように倒れこむ危険があり、「まもなくカーブがあります」と、車掌が車内アナウンスすることがよくある。もし、カーブ地点のレールがバンクしていなければ、カーブ走行時に、乗客はもっと激しく外側に飛ばされるだろう。さらに、車体を内側へ傾斜させるシステムを、車両そのものに備えた「振り子式車両」もある。このシステムでは、線路に設置されたATS地上子と呼ばれる装置から、列車の速度や地点に関する情報が車両に送られることで、カーブが近づいたら車体が自然に内側に傾きはじめるしくみで、乗客の安全・乗り心地に配慮した、より高度な技術といえるだろう。

78 パンタグラフが火花を散らすのは、なぜ?

「ラーニングゾーン」3階を覗いてみよう。中央に大きな菱形のパンタグラフが見える。電車を走らせるためには電気が必要で、その電気を車両に取りこむのがパンタグラフだ。このコーナーでは、来館者が手元のボタンを押すことで、パンタグラフが押し上げられたり、縮んで下がったりする様子を間近に見ることができる。

電車が走行する上空(線路から4700mm以上の位置と定められている)には、電気が流れている架線が張られており、これに電車のパンタグラフが接することで、パンタグラフを通じて、車両に必要な電気が取りこまれるしくみになっている。

電車にとって電気は「命」だ。これが途絶えると、電車は走らない。つまり、パンタグラフが架線から離れないように維持することが重要なのだ。パンタグラフが架線から離れてしまうことを「離線」という。離線ができるだけ起こらないように、架線は上から吊って、常にピンと張るようになっている。

一方、パンタグラフはバネの力で押し上げられるしくみになっているが、その力はたったの5kgほど。軽く上がってしまう。軽い力で持ち上げられるほうが、離線が起きにくいからだ。ただし、たとえば、パンタグラフに雪が積もったりすると、重みで、パンタグラフが容易に下がってきてしまう。東京では、慣れない積雪のために、こうしたトラブルが起き、ダイヤが乱れたこともあった。

離線には、車両の速度も関わってくる。列車速度が速くなると、車体の揺れや架線の振動も激しくなり、それだけ離線が起きやすくなる。列車速度をアップさせてきた鉄道の歴史においては、パンタグラフと架線の技術向上も欠かせなかったのだ。こうした問題は、新幹線では特に重大だ。

パンタグラフが架線から離れると、激しいアーク（電気火花）が生じる。かつて、走行中の新幹線のパンタグラフからは、よく火花が散る様子が見られた。一瞬の離線では、列車の運行に差し支えることはないが、頻繁にアークが起こると、騒音や電波障害を引き起こすうえ、パンタグラフや架線自体の傷みを早めることになる。こうしたことから、改良が進められ、現在では、時速３００㎞の走行にも対応できるシステムが開発されている。

アークが起こるのは離線が生じたときだけではない。在来線の電車でも、雨や雪の日には、架線から青白い火花が散ることが多いのに気づくだろう。これは、架線についた水滴に電気が流れるために、通常時よりも大きな放電が起こって、火花が散るのだ。

なお、今、新幹線でも在来線においても、菱形のパンタグラフは減って、「く」の字形

雨や雪の日にも火花を散らすことがある
パンタグラフ

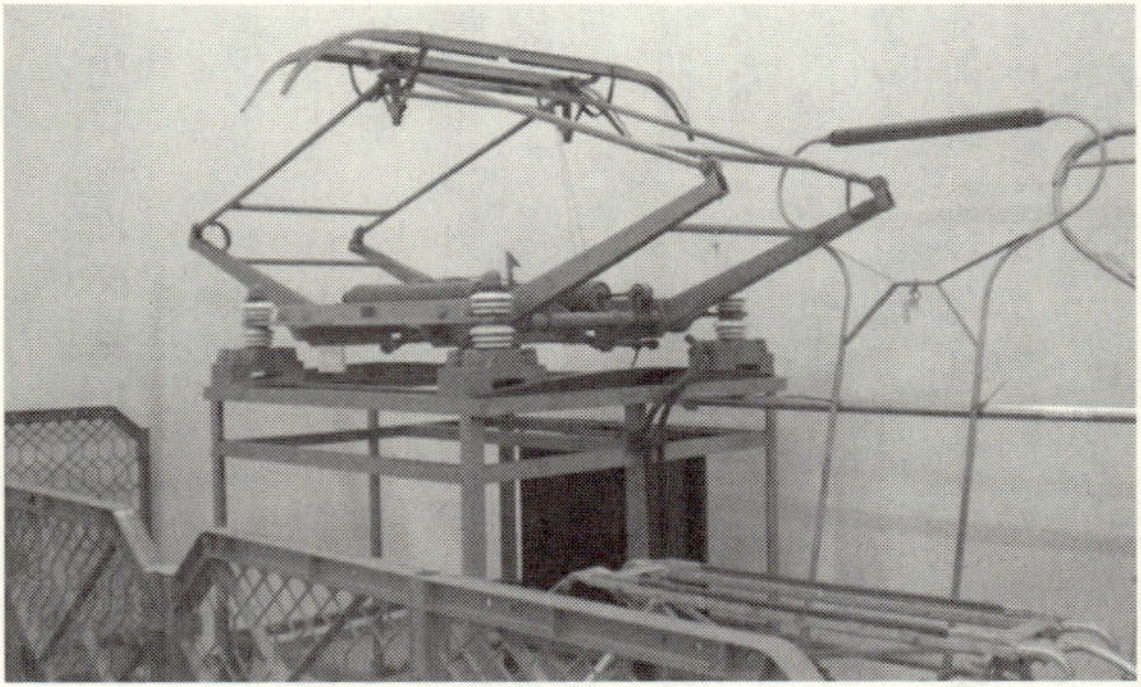

のシングルアーム形が主流になりつつある。
このタイプは、風の抵抗を受けにくく、表面積が小さいため、積雪による重みも小さくてすむといった利点がある。
ところで、最近、車両あたりのパンタグラフの数が減っているのにお気づきだろうか。これは、パンタグラフの性能が向上し、1基あたりの集電電流が増えたためだ。たとえば、「ヒストリーゾーン」に展示してある「モハ484形式電車」(485系電車)は、1両に2基のパンタグラフが設置されている。この電車の製造年は1972(昭和47)年だ。しかし、現在は、在来線の10～15両編成で2基から3基、16両編成の新幹線でも2基で足りている。パンタグラフの数が減ったことで、架線の保守も楽になり、騒音も減った。

79 蒸気機関車は石炭だけでは走れない?

「ラーニングゾーン」3階では、主に、鉄道の動力と、車両が動くしくみを紹介している。蒸気のコーナーでは、「D51形式蒸気機関車」をモデルに、その動輪がどうやって動かされるのかを詳しく解説している。

蒸気機関車の燃料といえば、「石炭」だ。運転室には石炭を火にくべる釜(火室)があり、走行の操作をする機関士のほかに、スコップで石炭をくべる作業をする機関助士も乗りこまなくてはならない。

蒸気機関車は、石炭を燃やすことで発生する熱エネルギーをもとにして走るため、石炭が燃え尽きてしまったら大変だ。目的地にたどり着くまで、石炭を切らすわけにはいかない。そこで、蒸気機関車は、大量の石炭も積んで走る。少量の石炭であれば、タンク機関車でも積めるが、長距離運行のためには、大量の石炭が積めるテンダー車を連結させたテンダー機関車でなければ無理だ(PART2『31 日本が誇る初の本格的国産蒸気機関車とは?』の項、78ページ参照)。

では、石炭が十分にあれば走れるのかといえば、そうではない。石炭は熱エネルギーを

ピストン方式の蒸気機関のしくみ

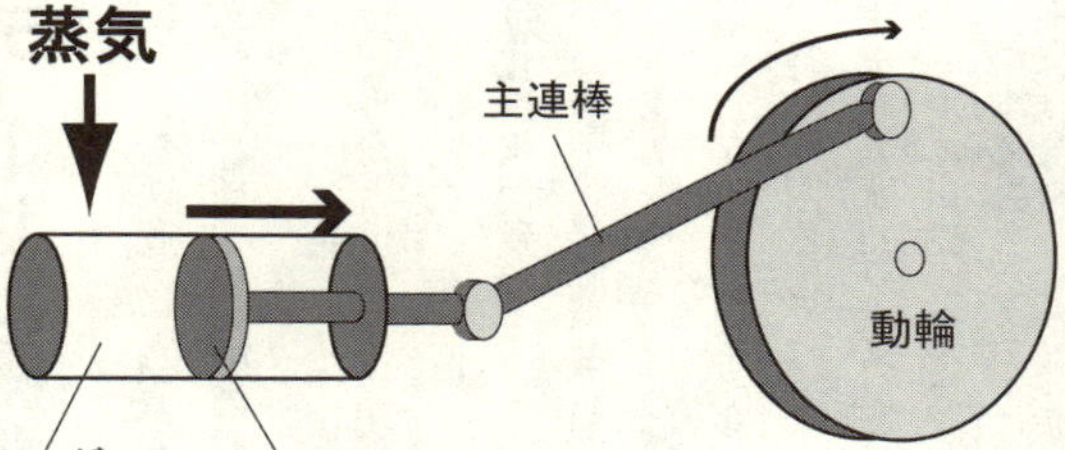

シリンダー内に高圧の蒸気が送られると、ピストンが動かされ、
その動きが主連棒に伝わって動輪を回転させる

つくるための燃料であって、それだけで、蒸気機関車の動力、すなわち「蒸気」をつくることはできないからだ。蒸気はどうやってつくっているのか。それは、石炭を燃やした熱エネルギーでタンク内の水を加熱することで、発生させているのだ。

発生した蒸気は「蒸気だめ」に集められ、そこから、乾燥管、過熱管を通って、さらに圧力が高められた状態で、動輪を動かすためのシリンダーへ送られる。そして、シリンダー内の蒸気の圧力がピストンを押し、動輪を動かしているのだ。

つまり、蒸気機関車は石炭だけでは走れないということだ。もし、走行中に水が不足したら、やはり、機関車の動輪は動かなくなってしまうのだ。

80 ディーゼル機関車はクラッチのないAT車！

日本における鉄道の電化が完成したのはいつか、ご存知だろうか。大都市圏に住んでいると、「高度成長期に全国の電化は達成されただろう」などと勘違いしてしまうかもしれない。

実際はどうかというと、現在、旅客線がすべて電化されているのは、47都道府県中、たったの5都府県だ。奈良県、大阪府、神奈川県、東京都、沖縄県だ。それ以外の道府県では、非電化路線が残っている。なかには、旅客線のほとんどが電化されていない県もある（徳島県、島根県、鳥取県、高知県、宮崎県）。

しかし、「非電化＝電化の遅れ」ということではない。路線の利用者数やコスト面から、あえて電化しない路線は少なくない。電化されていなくても、それにかわる輸送方式はあるので、特段、困ることはないのだ。そうした路線で活躍しているのがディーゼル機関車やディーゼルカーだ。これらは、軽油を燃料とし、ディーゼルエンジンで走る車両だ。

ディーゼルエンジンでは、シリンダー内の空気を圧縮して高温にし、そこに燃料（軽油）を噴射して着火させてピストンを押し出し、ピストンの動きから生まれる回転力によって車輪を動かしているのだ。

ディーゼルエンジンは、エンジン内部で燃料を燃やして動力のための作動ガスを発生させる「内燃機関」の代表的なものだ。これに対し、蒸気機関は、エンジン外部で燃料を燃やすため、「外燃機関」と呼ばれている。内燃機関は、エンジン内で熱を有効利用できるため、エネルギー変換効率が高いという利点があり、トラックやバスなど、大型自動車にも採用されている。

エンジンのほかに、ディーゼル機関車を走らせるのに欠かせないものが、もうひとつある。それが、エンジンの回転力を調節して車輪に伝える「液体変速機」というものだ。エンジンの回転数を液体（軽油）を使ってコントロールし、車輪軸に伝える機械だ。

変速機のしくみも、基本的には自動車と同じだ。液体変速機は、自動車でいえばAT車（オートマティック・トランスミッション車）のようなもので、クラッチ操作の必要がない。これに対し、初期のディーゼル機関車は、歯車をかみ合わせるしくみの変速機（「機械式変速機」）を用いており、自動車にたとえると、クラッチ操作とギアチェンジが必要なMT車（マニュアル・トランスミッション車）と似ていた。しかし、運転操作に相当な熟練を要するのと、歯車の強度が大出力エンジンに耐えられないことから短期間で消えた。

自動車も機関車も、時代とともに、MTからATへと変わっていったのだ。

81 鉄道車両は急には止まれない！ 制動距離は？

「走らせる」しくみの次は、「止める」しくみの話だ。

自動車免許証をお持ちの方ならおわかりだろうが、自動車はブレーキを踏んでもすぐには止まれない。ブレーキを踏んでからブレーキが効きはじめるまでのあいだも車は走行を続け、ブレーキが効きはじめても、すっかり停止するまでにはいくらか時間がかかるからだ。一般的に、時速60㎞で走っていた自動車が完全に停止するまでには、44ｍが必要といわれている。言い換えると、ブレーキをかけたあと、44ｍも進んでしまうということだ。

では、鉄道車両のブレーキのかかり方はどうだろうか。時速60㎞で走行中の鉄道車両がブレーキをかけて完全に停車するまでには、自動車の約3倍にあたる125ｍも必要になる。自動車のタイヤとアスファルトの道路との粘着力に比べ、鉄道車両の車輪と線路の粘着力は小さいため、鉄道車両は自動車以上に、簡単には止まれないのだ。

鉄道営業法に基づく規則では、以前、「非常制動による列車の制動距離は、600ｍ以下にしなければならない」とされていた。600ｍで止まれる速度とはどれくらいかというと、時速130㎞が限界といわれている。このため、在来線の最高速度は時速130㎞

に設定されていた。ちなみに、新幹線の場合は、非常ブレーキをかけても約2㎞進んでしまうが、新幹線には非常制動距離に関する規則が今も昔もないので問題はない。

では、鉄道車両を止めるブレーキとは、どのようなものなのか。鉄道車両で使われる最も基本的なブレーキは、「空気ブレーキ」だ。これは、圧縮空気によって、制輪子（車輪を挟みこんで回転を抑える働きをする鉄板）が回転している車輪を押さえつけ、摩擦の力で停止させるしくみのものだ。

しかし、この方法は、ブレーキ装置や車輪などが摩擦熱によって傷みやすく、列車が高速になると車両の負担も大きい。そこで、ブレーキをかけたときに、モーターを発電機として作用させ、発生した電気を抵抗器で熱として放出することで、制動力を得る「電気ブレーキ」を「空気ブレーキ」とあわせて用いる方法がとられるようになってきた。

電気ブレーキでは、まず、通常のモーターへの送電を止めて、その動きを停止させたうえで、車輪の回転力を逆にモーターへ入力し、モーターを発電機として作動させる。そして、発生した電力を抵抗器に通して発熱消費させ、モーターに回転抵抗を生じさせて、車輪の動きを止めようとする方法だ。同様の方式をとりながら、モーターから発生した電力をパンタグラフから架線に戻し、他の車両の動力源として使ってもらうことでブレーキをかける、省エネタイプの「回生ブレーキ」もある。

82 運転士のかけたブレーキが瞬時に全車両に伝わる謎

空気ブレーキにせよ、電気ブレーキにせよ、ブレーキを操作するのは運転士だ。先頭車両の運転士の手元にしかブレーキを操作するハンドルはないが、どんなに長い編成の列車であっても、一番後ろの車両にまで、一度にブレーキをかけなければならない。どのようにして、そんな「離れわざ」をやってのけているのだろうか。

その「謎」を探る前に、昔の列車ではどうやってブレーキをかけていたかを紹介しよう。空気ブレーキが登場する前、蒸気機関車に備えられていたのは「蒸気ブレーキ」だった。蒸気ブレーキとは、機関車の動力用に発生させた蒸気の一部を利用したブレーキのことだ。

高圧の蒸気をブレーキシリンダーに通し、ブレーキをかけていたのだ。ただし、蒸気ブレーキは機関車のみにしか効かず、連結させた他の車両にブレーキをかけることはできなかった。その後、空気ブレーキが登場するが、これも当初は、先頭車両だけに有効な制動装置だった。当時は、編成のところどころに、「手ブレーキ」の備わった「緩急車」を組みこみ、それぞれにブレーキマンがついた。そして、運転士の鳴らす汽笛に合わせて、各ブレーキマンが担当車両のブレーキを一斉にかけていたのだ。

しかし、こうした原始的な方法によるブレーキのかけ方では、安全性に欠け、特に、下り坂が連続する路線などでは事故が絶えなかったといわれている。

これに対し、1872年、アメリカで発明された「自動空気ブレーキ」では、列車全体をブレーキ管でひとつながりにし、それぞれの車両に、ブレーキシリンダー、「補助空気だめ」（空気タンク）や制御弁（ブレーキシリンダーに空気を出し入れする弁）を設けている。

ブレーキ管には、常に圧縮空気が加圧された状態で入っているが、運転士がブレーキをかけると、ブレーキ管内が減圧されて、全車両の制御弁が開き、ブレーキシリンダーに圧縮空気が流れこむ。このブレーキシリンダーにかかった圧力によって、各車両の車輪の動きを停止させる制動動作が働くのだ。このように、ブレーキ管で全列車をつなげたなら、最後尾の車両にまで一気にブレーキをかけることができる。

しかし、もし、何らかの原因で、車両どうしの連結が外れたらどうなるだろうか。列車の連結が離れ、ブレーキ管も外れてしまったら、その時点で、ブレーキ管内の圧縮空気は抜けて減圧されるため、制御弁が動いてブレーキシリンダーに圧がかかり、車輪を止めるしくみが自然と働く。

列車分離という非常事態に、運転士が操作しなくても自動的にブレーキがかかることから、このブレーキは「自動空気ブレーキ」と名づけられたのだ。

83 鉄道の「車両工場」って、何をするところ？

「ラーニングゾーン」1階の「車両工場ラボ」を覗いてみよう。ここは、鉄道博物館にもほど近い、「大宮総合車両センター」の内部を再現したコーナーだ。車両センターとは、いわゆる車両工場のこと。このコーナーでは、実物の車両の台車を展示し、その構造としくみを間近に見て、触れることができるようになっている。

ところで、鉄道の車両工場とは、何をするところなのだろうか。大宮総合車両センターを例に紹介しよう。同センターは、主に、車両の検査・修繕を行なう工場だ。15万5500㎡もの敷地を有し、常時、約480人のスタッフが勤務している。

鉄道車両の検査には、運行の合間に行なう簡単な「仕業検査」、最長90日間ごとに行なう「交番検査」、動力装置・発電装置・走行装置・ブレーキ装置などの主要部品を取り外して行なう「要部検査」、すべての主要部品を取り外して行なう「全般検査」がある。後者ほど大がかりになる。「要部検査」には約2週間、「全般検査」には約1カ月かかる。

たとえば、埼京線を運行している205系電車の場合、「全般検査」は8年ごとに実施され、「全般検査」から4年後か車両の走行距離が60万kmに達した時点で「要部検査」を行なうサイクルになっている。この「要部検査」と「全般検査」を専門的に行なっているのが、大型の工作機械や精密な試験装置が備えられている総合車両センターだ。

「全般検査」では、車両全体を解体し、すべての部品を取り外さなければならない。解体作業では、車体をクレーンで持ち上げ、台車を取り外し、車体は仮台車に載せて、それぞれ、さらに部品を分解し、個々の検査・修繕を徹底的に行なうのだ。このほか、ドアや窓、シートやカーテン、空調設備などは清掃したり、新しいものにつけ替えたりする。

また、車体の補修を行ない、サビ落とし・研磨などを施し、最終的にきれいに塗装をして、外観を整えることも重要だ。これは、美観の向上だけでなく、車体の傷みを遅らせ、車両全体を保護する意味がある。最後に分解した部品をすべて取りつけ、総合的な機能検査・試運転を行なったうえで、所属する車両区へと送り出すのだ。「大宮総合車両センター」では、年間700両以上もの車両を検査し、送り出しているのだ。

さらに、同センターは、隠された「凄腕」をもっている。それが、車両の改造・復元作業だ。すでに引退し、車庫でほこりをかぶっていた古い車両を新品同様に「お色直し」したり、博物館で眠っていた車両を走行可能な状態に復元させたりといった技術だ。鉄道博物館に展示されている車両の多くも、「大宮総合車両センター」のもてる技術を駆使して、勇姿を復元させることができたのだ。

84 初めて自動券売機が設置されたのは、いつ？ どこに？

「ラーニングゾーン」1階の「駅構内ラボ」につくられているのは「てっぱく駅」だ。ここでは、駅のしくみや駅員の仕事を学んだり、体験したりすることができる。「てっぱく駅」構内には、実物の自動券売機もあり、子供がきっぷの購入を体験できるようになっている。

かつて、鉄道のきっぷは、現在のようなペラペラの薄紙（「半軟券《はんなんけん》」という）ではなく、硬いボール紙でつくられたもの（「硬券」）で、改札口では、駅員にそれを手渡し、「改札鋏《かいさつきょう》」と呼ばれる、一見ペンチのように見えるハサミで穴や切れ目を入れてもらった。

今も、有人改札や車内の検札で、駅員がきっぷをチェックする機会はあるが、改札鋏にお目にかかることはなく、ほとんどが駅名や日づけの入ったスタンプを押す形式に変わっている。

ところで、鉄道駅の自動券売機がいつ頃できたものか、ご存知だろうか。

駅に設置された自動券売機で最も古いものは、「乗車券」ではなく「入場券」だった。歴史は意外と古く、1926（大正15）年、東京駅と上野駅に入場券販売売機が設置されたのが最初だったと伝えられている。

ただし、現在の券売機とは異なり、硬貨を入れてバーを下に下げると、入場券が1枚落ちてくるというしくみのものだった。

行き先や額面のボタンを押すと、印刷ずみのきっぷが出てくるタイプの券売機は、1950年代に入って本格的に導入された。その後、券売機に印刷ずみのきっぷをセットするのではなく、購入者が押したボタンに応じて、その場で券面に印字する、より効率的な機能が備えられるようになった。

さらに、自動券売機を「進化」させたのは、自動改札機の登場だ。

きっぷの裏面に磁気テープを貼り、そこに、購入日時、乗車駅名、運賃などの必要な情報が磁気情報として記録してあることで、それらの情報を自動改札機が瞬時に読み取って、乗客の改札を格段にスピードアップさせることができるようになった。今や、自動券売機は、きっぷの表面に印字するだけでなく、裏の磁気面にも必要な情報を記録するという早業をやってのけているのだ。

ちなみに、磁気面に記録できる情報、記録方法などは、日本鉄道サイバネティクス協議会が2003（平成15）年に制定した「IC乗車券に関する規格」（通称、「サイバネ規格」）に準拠していなければならないという決まりがある。

85 「みどりの窓口」という名前は、どこからきた？

「駅構内ラボ」には、「みどりの窓口」も設置されている。新幹線や特急列車の指定席券をオンラインで手配する窓口として、1965（昭和40）年に、全国の主要152駅と、旧・日本交通公社（現在のJTB）の営業所83カ所に設置されたものだ。

なぜ「みどり」なのかというと、この窓口で発券されるきっぷの色が緑色だったからだ。しかし、JRの定義によれば、緑色のきっぷを発券する、「マルス」（MARS）と呼ばれるコンピュータ端末が設置されている窓口のことをいうのだ。もし、マルスが青色のきっぷを発券していたら「あおの窓口」という名称になっていたかもしれない。

実は、この「マルス」がただものではない。マルスの登場以来、旧国鉄の発券業務は飛躍的に進歩した。マルスが導入される以前の昭和30年代までは、指定券は駅ごとに取扱い枚数と座席が決められていて、基本的には乗客は足を運んだ駅の割り当て分から購入するしかなかった。

さらに、列車の座席番号は台帳で管理されており、窓口の職員が手元の台帳と照合して、きっぷに座席番号を手で書き入れていたのだ。

駅の割り当て分が売り切れた場合は、電話でセンターに問い合わせ、乗客の希望の日の列車の空席が残っているかどうかをセンターの座席台帳で確認し、あれば、センターの職員と駅の窓口職員が電話口で確認し合う形で、発券するしくみになっていた。

このきわめて原始的な発券方法では、購入までに時間がかかり、職員の負担も大きいうえに、聞き間違い、書き間違いなどのトラブルも多発する。コンピュータを使ったマルスの登場で、発券処理速度、処理枚数は飛躍的に向上したのだ。

最初にマルスが導入されたのが１９６０(昭和35)年。このときの処理能力は4列車、３６００席、最大15日分だった。その後、システムは、どんどんバージョンアップしていき、１９６８(昭和43)年に機能増強を図った「マルス１０３」では、20万座席の予約が可能になった。

さらに、１９７１(昭和46)年、山陽新幹線の開業に合わせて稼働をはじめた「マルス１０５」では、全国の座席指定列車を対象に１００万座席が収容できるようになった。

その後も、発券スピードのアップ、作業の簡素化、印刷技術の向上など、さまざまな改良が進められている。そして、現在は、乗客が自分で操作できるマルス「指定券発売機」も登場している。

きっぷ購入も「完全セルフサービス」の時代に突入した。

86 世界で初めて「自動改札機」を設置した駅は？

さて、きっぷを買ったら、次に向かうのは改札口だ。ここでも「無人化＝セルフサービス」が定着してきた。今や、改札口に駅員はいない。乗客のきっぷにハサミを入れてくれるのは、人間ではなく機械、自動改札機だ。現在、都市圏では自動改札機を設置してある鉄道駅が当たり前のようになり、自動改札機のない駅を探すほうが難しいくらいだ。

ところで、自動改札機の発祥地はどこかご存知だろうか。鉄道関連の新技術は、首都圏から導入されることが多いので、これも東京で最初に設置されたと思われるかもしれないが、そうではない。今から遡ること約40年前の１９６７（昭和42）年3月、阪急電鉄北千里駅（大阪府）において、パンチカード方式による定期券用自動改札機と、磁気（バーコード）方式の普通乗車券用自動改札機が運用されたのが、日本初であると同時に世界初であった。

高度成長期まっただなかの日本では、西も東も通勤ラッシュの混雑に悩まされていた。特に、改札口で滞る人の波をなんとかできないかという発想から、改札機のドアを開けた状態のままで、乗客の定期券・乗車券を高速判定する機械の開発が試みられたのだ。こうした技術は、当時、世界のどこにもなかった。

関東地区でも自動改札機の需要は高かったが、鉄道網が複雑すぎるため、乗り継ぎ客などの定期券・乗車券の情報を処理しきれず、なかなか実用化に至らなかった。1975（昭和50）年までには、関西のほとんどの私鉄と地下鉄が自動改札システムを完備したが、関東地区での導入が進んだのは、ずっと遅れて1990年代に入ってからだった。

自動改札機の開発に着手した当初、目標とされたのは「1分間に60人の乗客を通過させること」。試作機の試験では、メーカー社員や近所の主婦、子供たちなど、延べ3000人が動員されたそうだ。

2001（平成13）年からは、定期券や乗車券を機械のなかに通さないタイプの「非接触型ICカード」に対応する機種が開発された。券を機械のなかに通過させなくなったことで、処理速度はさらにアップし、「1分間90人」を達成している。

しかし、便利になった反面、トラブルが起きたときの影響も大きい。2007（平成19）年10月、首都圏のJR、私鉄、地下鉄など660以上の駅で、始発から自動改札機が作動しなくなるというトラブルが発生した。このときは、通勤通学客260万人が影響を受けたとされている。

便利な世のなかに慣らされた私たちは、もう、少々の不便があっても我慢できなくなりつつあるのかもしれない。

87 車内で携帯電話を使用したら、ホントにいけないの？

２００３（平成15）年、時の総理大臣、小泉純一郎が「新三種の神器」と命名したのが「パソコン・プレイステーション・携帯電話」だ。いつでも、誰とでもつながれる携帯電話は、外出先で人と連絡をとらなければならないときに、公衆電話を探しまわらなければならないという「不便さ」を一気に解消してくれた。

この「文明の利器」が、電車内では「迷惑のタネ」となる。２００３（平成15）年、関東地方では、ＪＲ東日本を含む鉄道事業者15社局が共同して、「車内における携帯電話マナーの案内」を、「優先席付近では電源ＯＦＦ」「優先席付近以外では、マナーモード設定にし、通話はしない」よう、乗客に働きかけることに決めた。

電車内は公共の場でありながら、密室であるという特殊な空間だ。時間帯によっては超人的な混雑をする。そうしたなかで、電話で人と話をしたり、大きな着信音を鳴らしたりするのは、周囲の人の迷惑になるという観点から、こうしたルールが生まれた。

しかし、電車を降りなくても人と連絡がとれるのが携帯電話の便利なところなのに、その利点を生かさずにいるのでは意味がない。そういった反対意見もあり、車内マナーにおける携帯電話の使い方については、世間でも賛否両論分かれているようだ。

しかし、これが「快不快」のレベルを超えて、人命にかかわるとなれば話は別だ。携帯電話から発せられる電波が、心臓ペースメーカーなどの医療機器の誤作動を引き起こすおそれがあるといわれているのだ。自分が使用した携帯電話が原因で、ペースメーカーを埋めこんでいる近くの乗客の心臓が止まったりしたら……。そんな状況を想像したら、誰でも携帯電話の使用は自粛するようになるだろう。

今のところ、ペースメーカー装着者が、携帯電話の影響を受けて誤作動を起こしたという報告はない。ただし、アメリカで行なわれたある実験では、装着者自身が携帯電話をかけても誤作動は起こらなかったが、ペースメーカーのすぐ上に携帯電話を置いた場合、1・7％に問題が起こったとされている。距離でいうと、ペースメーカーから携帯電話が11㎝以上離れていれば大丈夫だそうだ。

しかし、いくらデータ上は大丈夫といわれても、隣の人と密着せざるをえないような満員電車のなかに立たされたときは、装着者は不安を覚えるだろう。同乗している人に不安を与えないことも、やはり、マナーではないだろうか。

「駅構内ラボ」のプラットホームに停車中の「103系電車」の車内では、乗車マナーについて学ぶことができる。ここで、もう一度、車内でのマナーを再確認しておきたい。

88 日本の通勤電車がインドネシアで走っている!?

「駅構内ラボ」の「てっぱく駅」に停車中の電車は、1963（昭和38）年から製造が始まった「103系電車」のカットボディーだ。「ヒストリーゾーン」にある「101系電車」（PART2『54 オレンジ色、萌黄色、水色、黄色……どの路線の色かわかる?』（126ページ以降）をもとに、経済性を重視して再設計された通勤型電車だ。

それというのも、当時、首都圏の鉄道路線では、慢性的な「電力不足」に陥っていたからである。

当初、中央線を走っていた「101系電車」は、高加速性能を有していたが、そのぶん、電力も必要とした。しかし、変電所の容量が追いつかず、本来の性能を十分発揮できないという事態が起こっていた。そこで、「101系」は、変電所容量が他の路線と比べて大きい山手線に投入されるようになっていったのだ。

これに対し、「103系電車」は、「101系」とほぼ同じ性能を、より小さい電力で実現することができた。変電所設備の増強が、電車の性能アップよりも遅れがちだった当時、こうした「省エネ」タイプの電車は大歓迎されたのだ。

「103系電車」

インドネシアでも通勤客の足として活躍を続けている

　こうして、「１０３系」は１９８４（昭和59）年までに、３４４７両が量産された。この数字は、国内の鉄道車両の製造数では最大となる。製造されていた21年間に、設計変更や仕様変更なども重ねられており、年代や製造番号によるバリエーションも豊富だ。初期のものは山手線用、１９７０年代の冷房車、地下鉄乗入用の地下鉄対応車などがある。

「１０３系」は、１９６４（昭和39）年に、まず山手線での運行が開始され、それまで山手線を走っていた「１０１系電車」は総武線緩行線（いわゆる各駅停車）に回された。山手線用の塗装は、お馴染みのうぐいす色（国鉄色の黄緑６号）だ。

　その後、京浜東北線用にはスカイブルー（青22号）、常磐線快速用にはエメラルドグリーン（青緑1号）、中央線快速用にはオレンジバーミリオン（朱色1号）、鶴見線用にはカナリアイエロー（黄5号）というように、塗り分けられた。

館内に展示されてある「103系」は、1974（昭和49）年につくられた製造番号「713」番で、当初、ライトグリーンの塗装で横浜線用として投入された。しかし、1988（昭和63）年から京葉線に配属され、スカイブルーに塗り替えられたものだ。2005（平成17）年まで京葉線で現役を勤めあげた、そのままの姿で展示されている。

ところで、量産された「103系」は、海外でも活躍している。

2004（平成16）年、JR東日本所属の16両が、インドネシアの鉄道会社に売却された。塗装こそ変えられてしまったが、現地でも「JR103」の名称で呼ばれ、車内には、東京近郊のJRの路線図が貼られたままの車両もあるという。

運行しているのは首都ジャカルタで、「103系」は、ここでも「通勤電車の顔」として走りつづけているのだ。

もし、インドネシアを訪れることがあれば、ジャカルタで、この「103系」に遭遇することがあるかもしれない。

グローバルに大活躍する日本の鉄道車両に、ぜひエールを送りたいものだ。

PART5 エントランスゾーンほか

——鉄道博物館の謎は尽きない

89 鉄道車両の運転士になるには？

鉄道博物館がありきたりの「博物館」ではないことを示す展示施設が、「エントランスゾーン」に設置された「シミュレータホール」だ。ここでは、実物の車両の運転台や、実物そっくりに再現された運転台が用意されており、来館者はそこに座って、実際に運転台機器を操作し、「運転士」気分を味わえる。

運転台から見える車窓の景色も、実際の風景をスクリーン映像に映し出す仕かけになっていたり、レールの走行音や踏切を通過するときの音、カーブやポイントを走行する際の、電車の揺れ方までリアルに再現されているブースもある。鉄道車両の運転士になりたいと夢見る子供たちも、子供の頃憧れていながら夢破れた大人たちも、ここでは「一人前の運転士」になりきれるというわけだ。

ところで、鉄道車両の運転士になるためには、どのような資格や経験が必要なのだろうか。資格についていえば、国土交通省が実施する動力車操縦試験に合格した人に与えられる「動力車操縦免許」と呼ばれる国家資格が必要だ。20歳以上なら、経験、国籍を問わず、この試験を受けることができる。

資格取得にあたり、国土交通省の認可を受けた養成施設で、専門の教育・訓練を受けなければならないが、こうした訓練は個人で受けられるものではなく、所属する鉄道事業者を通じて受講するのが通例だ。ＪＲや大手私鉄などでは、自社の養成施設をもっており、社内の施設で動力車操縦免許を取得することができるようになっている。

では、鉄道会社に入社すれば、誰にでも、資格取得への道が開けるのかというと、そうはいかない。動力車操縦免許の取得は、運転士になるためのプロセスでいえば、むしろ最終関門であって、それ以前の道のりが長い。

鉄道会社に入社して経験するのは、まず駅員だ。その後、車掌登用試験を受けて合格したら、さまざまな研修を受けたうえで、車掌として車両に乗務できるようになる。車掌の経験を踏んだあと、運転士登用試験を受験し、これに合格しなければ、運転士としての教習や訓練は受けられない。その後も、見習い運転士として、営業路線で乗務し、十分な経験を積んだうえで、ようやく動力車操縦試験の受験に臨むことができるのだ。そして、晴れて合格できれば、「運転士」という肩書きが手に入る。

もっとも、運転士の業務は決して楽ではない。大勢の人命をあずかる重責があるうえ、早朝・深夜勤務もあり、土・日も関係ない仕事だ。相応の責任感と覚悟、そして情熱のある人にのみ、開かれている道であるということをお忘れなく。

90 電車の運転体験で一番難しい「技」は?

館内の「シミュレータホール」では、全部で5種類の電車・機関車の運転体験ができる。「205系電車」(山手線)、「209系電車」(京浜東北線)、「211系電車」(東海道本線)、「200系新幹線電車」、そして、「D51形式蒸気機関車」(釜石線)だ。

前項では、鉄道車両の運転士への道がいかに険しいかを説いたが、これらのシミュレータ装置にトライしてみると、機関車はともかく、電車の運転はそれほど難しくないと感じるだろう。少なくとも、自動車の運転に比べると、操作する機器が少ないぶん、楽なはずだ。進路をコントロールするためのハンドルもなければ、クラッチや変速ギアもない。極論すれば、「アクセル=発進・加速」と「ブレーキ=停止・減速」の2つさえ操作できれば、なんとかなってしまうのだ。

電車では、アクセルに相当する装置を「マスター・コントローラー」(主幹制御器)、略して「マスコン」という。運転台に設置されており、電車の速度をコントロールする装置で、ハンドルで操作するようになっている。

一方、自動車のブレーキに相当するものは、電車では足で踏むペダルではなく、マスコン同様、ハンドルで操作するようになっている。マスコンとブレーキが別々のハンドルで操作できるものだけでなく、一体化させたワンハンドルのものもあり、いくつかの運転台を体験してみると、違いが楽しめるだろう。

電車のシミュレータ装置は、どれもATS（自動列車停止装置）やATC（自動列車制御装置）が備えられているため、「にわか運転士」が信号無視をしようが、居眠りをしようが、心配ない。制限速度を超えてしまったときは、自動的にブレーキが作動し、制限速度以下まで減速してくれるのだ。

小さな子供が運転しても事故を起こさないことを証明してくれるような、運転シミュレータ装置だが、鉄道ファンなら、やはり、周囲で見ている人を「うまい！」とうならせるような運転をしてみたいだろう。

何もかもが「自動」となりつつある電車の運転のなかで、最も難しいといわれるのは「ブレーキのかけ方」だ。ブレーキハンドルを大きく動かせばブレーキは強く効くが、乗客の安全や快適性が損なわれるので、急ブレーキをかけないことが原則だ。徐々に減速し、静かに停止するためには、どの辺りからどれくらいの強さのブレーキをかけはじめればよいのか……。一度や二度のチャレンジで、その「技」を極めることは難しい。

91 D51蒸気機関車は、発車させるだけでも至難の業！

「シミュレータホール」の最大の目玉は「D51蒸気機関車」の運転シミュレータ装置だ。電車の運転ならできるという鉄道ファンでも、SLの運転は一筋縄ではいかないはずだ。実際、鉄道博物館では、「D51シミュレータ」に利用制限を設けており、中学生以上が対象であるとともに、蒸気機関車の基本的な機構に関する知識があることを条件としている。言い換えれば、それだけの厳しい条件を設けるだけの価値がある、本格的なシミュレータ装置なのだ。

交通博物館に展示されていた「D51－426」号機関車のキャブ部分を丸ごと使用し、さらに、機関車特有の振動まで完璧に再現している。JR釜石線の花巻－遠野間を、客車5両を引いて運行している状況を再現しており、運転台から見える景色も、聞こえてくる音も、まさに現実の世界そのものだ。

シミュレータのみならず、実際もそうなのだが、機関車の運転は電車のように、マスコン（前項参照）とブレーキだけでなんとかなるものではない。操作機器は、加減弁（ボイラーからシリンダーに送る蒸気の量を調節する弁の操作ハンドル）、逆転機（走行速度に合わせて出

「D51運転シミュレータ」の運転台

難関「D51運転シミュレータ」では、
のどかな釜石線の風景を楽しむ余裕はない？

力を調節するギアレバー)、ブレーキ、そのほか、缶圧力計や水面計の確認も絶えず行なわなければならない。

横には指導員がついてくれるものの、発車前に、計器類の確認、信号の確認、逆転機の操作、汽笛を鳴らし、ブレーキ解除、続けてシリンダー圧力計を見ながら加減弁ハンドルの操作……と、多くの手順があるため、初心者はおそらく、機関車を発車させることもできないだろう。

勇気ある「チャレンジャー」が運転台で四苦八苦する様子を、背後から見学しているほうが無難、だ。

D51運転シミュレータの制覇は、「鉄道博物館の達人」となるための、最後の難関といってもいいかもしれない。

92 模型とは思えない迫力満点の「鉄道ジオラマ」の謎

「エントランスゾーン」2階に設置された「模型鉄道ジオラマ」も、鉄道博物館の「売り物」のひとつだ。幅25m×奥行8mのジオラマは、HOゲージ（在来線車両80分の1、新幹線車両87分の1）としては、国内最大の大きさを誇っており、線路総延長はなんと、140mにも及ぶ。とにかく、その迫力は、「模型」の域を超えている。

ジオラマは、山間部と都会の風景が一体化している。都会の中央駅には「E231系」（山手線）、「205系」（埼京線）、「253系」（成田エクスプレス）、寝台特急「カシオペア」をはじめ、新幹線の「のぞみ」や「はやて」「こまち」らが勢揃い。山間部では、アプト式路線を走る「ED42形式電気機関車」やスイッチバックの運転なども見ることができる。

ジオラマの醍醐味といえば、現実にはありえない運行路線がつくれること。「のぞみ」と「こまち」がすれ違ったり、「C57形式蒸気機関車」が牽引する「SLばんえつ物語」号（磐越西線）が都会のなかを走り抜けたりといった風景にも出会える。そもそも、これだけの列車群を一度に見ることなど、現実には不可能だ。

ところで、国内最大規模のジオラマといえども、何本もの線路が入り組んでいるところ

日本最大のHOゲージ「模型鉄道ジオラマ」

「模型」とは思えないダイナミックな走りに目を奪われる

を、数多くの列車が同時走行している。ぶつかる心配はないのだろうか。そこは、さすが、鉄道博物館のジオラマだ。

すべての列車は本物の鉄道と変わらない「ＡＴＳ」（自動列車停止装置）で制御されているのだ。

これなら、衝突の心配はなく、安心して鑑賞できる。ジオラマに使われたミニチュアフィギュアは全部で３０００体にものぼる。迫力だけでなく、精巧さにおいても際立っているといえるだろう。

さて、最後にクイズ。ジオラマの風景のどこかに、実は、「鉄道博物館」の建物も本物そっくりにつくられてある。

どこにあるか、ぜひ、目を凝らして探してもらいたい。

93 駅弁発祥の地はどこ？ 最古の駅弁とは？

鉄道博物館では、「食べる楽しみ」も用意されている。そのひとつが「駅弁」だ。「鳥めし弁当」「だるま弁当」「チキン弁当」「とんかつ弁当」など、お馴染みの駅弁がお昼時になると販売される。

なかでも、鉄道ファンのあいだで話題になっているのが、鉄道博物館と大宮・東京・品川・新宿・上野駅構内でしか売られていない、人気漫画「鉄子の旅」とコラボレートした特製弁当「日本縦断弁当」だ。

２００７（平成19）年11月から発売が開始され、期間限定の形で「まるごと北海道編」「こだわり東日本編」「ぎっしり東海編」と第3弾まで販売されてきた。今後も、日本列島を西に向かって縦断し、各地区の名産品を詰めこんで、第4弾、第5弾が販売されることになる。

さらにうれしいのは、館内で買った駅弁を、展示されている実物車両に乗りこんで食べることができるという点だ。駅弁といえば、今や、デパートやスーパーマーケットでも売られているが、客車のシートに腰かけて食べる駅弁の味は、やはり格別だ。ただし、飲食が許可されている車両は限られているので、事前にチェックすること。

さて、日本人にとっては、鉄道の旅に欠かせない一品となる駅弁だが、折り詰め式の弁当を駅構内で販売する習慣は諸外国にはないそうだ。「日本の文化」といってもいいかもしれない。駅弁はいつ頃から売られはじめたのだろうか。

実は、最古の駅弁については、諸説あり、はっきりした記録が残されていない。最も知られているのは、1885（明治18）年に、東北本線宇都宮駅の開業に合わせ、旅館を営んでいた「白木屋」がおにぎり2個にたくあんを添え、竹の皮に包んだものを販売したという話だ。

しかし、1877（明治10）年頃、梅田駅（現在の大阪駅）や神戸駅でも、駅弁らしきものが売られていたという説があり、どれが最古かは、今となっては確かめようがない。ただし、折り詰めの形になった、いわゆる「幕の内弁当」が駅弁として販売されたのは、1889（明治22）年の姫路駅が最初だったといわれている。

そして、最後に「豆知識」をもうひとつ。「駅弁の日」というのが、1993（平成5）年に定められたが、何月何日かご存知だろうか。答えは、4月10日。4月の「4」と、10日の「十」を上下に組み合わせてみると、弁当の「弁」の字に似ているという理由で決まった。

94 明治の頃、食堂車に入るのに客の服装がチェックされた！

鉄道の旅に欠かせない「味」は、駅弁だけではない。少しリッチな気分を味わいたい乗客にとっては、「食堂車」や「ビュフェ」で食事をとるという選択肢もある。「エントランスゾーン」にあるレストラン「日本食堂」では、往年の食堂車で提供されていたメニューを味わうことができる。

なかでも、「幻の食堂車まかない食」といわれる「ハチクマライス」が目玉だ。これは、乗客向けのメニューではなく、乗務員向けに出されていた料理だ。路線ごとに内容が異なり、期間限定で、さまざまな沿線で料理されていた「ハチクマライス」が提供される。来館するたびに、違った味の「ハチクマライス」に会えるかもしれないので、ぜひ味わってみてほしい。

さて、現実の食堂車やビュフェに目を向けてみよう。一時は、新幹線をはじめ、在来線の寝台列車や一部の特急列車、急行列車にも連結され、隆盛を極めたが、1980年代以降、みるみるその数は減少していき、現在では、「北斗星」「カシオペア」「トワイライトエクスプレス」のみに、食堂車が連結されているだけとなっている。

コンビニ弁当や駅弁を持ちこむ乗客が増えたのと同時に、食堂車やビュフェで提供されるメニューはコストパフォーマンスに欠けるきらいがあり、利用者の減少が目立ったことが、食堂車・ビュフェの衰退を招いたといわれている。

日本で初めて登場した食堂車は、1899（明治32）年、山陽鉄道（現在のJR山陽本線）を運行した列車に連結された食堂つき1等車だった。しかし、これはあくまでも客車メインで、食堂はオマケでついていたものだ。

食堂車の本格的導入は、官営鉄道（国鉄）では、1901（明治34）年だったが、当時は、1等車・2等車の乗客しか利用が許されなかった。その後、一部の路線では、利用者が少なくなる時間帯のみ、3等車の乗客の利用を許可したが、3等車の乗客は行儀が悪く、身だしなみも整っていないことが多いとみなされており、食堂車に入るにあたり、服装チェックがなされたと伝えられている。

ところで、「食堂車」と、新幹線「こだま」号に初めて登場した「ビュフェ車」の違いがおわかりだろうか。実は、両者には明確な線引きはない。一般的には、食堂車とは、レストランのような本格的調理設備を有し、テーブル席を備えたものを指し、ビュフェとは、調理設備が簡略化されていて、カウンター席がメイン、提供されるものも軽食や飲料が中心の「簡易食堂車」を指すとされている。

95 パークゾーンにある「フレンドリートレイン」の正体は？

鉄道博物館は屋外スペースも充実している。1階の「エントランスゾーン」から、敷地北側に広がる「パークゾーン」に出ると、開放的な景色が広がる。最初に目につくのは、ミニシャトルの「博物館中央駅」だ。

そして、その横に並ぶようにして、白地に緑のラインの入った2両の実物車両が停まっている。名前は「フレンドリートレイン」。予約団体客向けの休憩スペースとして開放される車両だが、団体予約のない日は、一般の観覧者も利用できる。昼時は、駅弁を買って乗りこむ「乗客」でいっぱいだ。

車内に入ってみるとわかるが、通常の4人がけボックスシートのほかに、客室端の一部がロングシートになっている。ここに腰かけて弁当を広げれば、たまたま隣り合わせた「乗客」と、まさに「フレンドリー」なふれあいも生まれるというものだ。

この2両編成の「フレンドリートレイン」は、「クハ455－2」（先頭車）と「モハ454－4」（2両め）のコンビだ。2両とも「455系」と呼ばれる急行形の電車だ。ともに、1965（昭和40）年に製造されたもので、東北新幹線開業前までは、急行「まつしま」

2両編成の「フレンドリートレイン」

現役時代も引退後も「フレンドリー」な関係を続けている
「クハ455―2」と「モハ454―4」を連結

「ざおう」などとして活躍した。

しかし、新幹線開通後、東北地区の急行列車が次々と廃止されたのにともない、これらの車両も仙台地区の普通列車に転用されることになった。

2007（平成19）年3月にともに廃車となるが、それまでの最晩年は、「クモハ455－4」＋「モハ454－4」＋「クハ455－2」の3両編成で運用されていた。

つまり、2両は現役時も引退後もコンビを解消していないということだ。まさに、「フレンドリー」な関係といえるだろう。

館内を歩き疲れたあとは、「フレンドリートレイン」に乗りこみ、車窓から見える高崎線や川越線を走る列車を眺めながら、ひと休みするのもいいだろう。

96 「キハ11形式気動車」が屋外のパークゾーンにあるのは、なぜ？

鉄道博物館のメインの展示物は館内に集中しているため、館内を歩きまわっただけで、すべて見終わったという気分になってしまいがちだ。しかし、「館外」にも、見落としてはならない見どころがある。休憩所がわりに使用されている「フレンドリートレイン」とともに、忘れてはならないのが、同じ「パークゾーン」にある「キハ11形式気動車」だ。

ところが、この展示位置が、あまりにも辺ぴなため、立ち寄らずに帰ってしまう来館者も少なくない。「キハ11形式気動車」は、「パークゾーン」の一番はずれ、敷地の最北端にひっそりとたたずんでいるため、その存在に気づかない人がいても不思議ではない。

なぜ、この車両は屋外に展示されているのだろうか。それは、これが館内唯一の「動態保存車」だからだ。動態保存車とは、機械類の動作・運用が可能な状態で保存されている車両のことである（機械類の動作が可能ではない状態の保存車を「静態保存車」という）。つまり、運転士が乗車しさえすれば、いつでも発車できる車両なのだ。

「気動車」とは、エンジンを搭載して自走する車両の総称で、古くはガソリンカーなどもあったが、現在ではディーゼルエンジンで動く「ディーゼルカー」のことを指す。

「キハ11形式気動車」

鉄道博物館のなかで唯一「動態保存」されている

「キハ11形式気動車」は、1953(昭和28)年以降に量産された気動車のグループ「キハ10系気動車」に含まれる。「10系」は、油圧を利用して動力の伝達を行なう「液体変速機」(181ページ参照)を初めて採用したディーゼルカーだ。

液体変速機の採用により、複数車両のディーゼルエンジンを1カ所の運転台からコントロールすることが可能になり、その後、非電化路線を中心としたローカル路線における気動車の普及に弾みをつけた。

展示されている「キハ11-25」は、1995(平成7)年に廃車となる予定だったが、愛好家の声により生き長らえ、国内最後の「キハ10系気動車」として、2005(平成17)年1月まで走りつづけた。

97 パークゾーンの万世橋、飯田町、汐留、両国橋…現存する駅は？

見応えのある実物車両、国内最大級といわれるジオラマ等々、いろいろな楽しみ方ができる鉄道博物館だが、鉄道ファンの究極の喜びは、やはり、自分の手で、実際に車両を動かしてみることではないだろうか。鉄道博物館では、その「夢」もかなえてくれる。

「パークゾーン」にある「ミニ運転列車」がそれだ。幅600㎜、1周約300mの線路を、「251系・スーパービュー踊り子号」や「253系・成田エクスプレス」「E257系・あずさ」などの車両で走れる。車両は、遊園地の乗り物を思わせるようなかわいらしさで、鉄道ファンには物足りないと思われるかもしれないが、コース途中のカーブやポイントでの速度制限、先行列車の開通待ちのほか、ATSやATCを搭載したシステムも導入されており、実際の鉄道の運行と変わらない、本格的な運転シーンが楽しめる。

コース内には、駅が4つあり、跨線橋があったり、島式ホームを2本設けていたりと、それぞれに特徴が異なる。しかも、駅名を聞いて驚くなかれ、「万世橋」「汐留」「飯田町」「両国橋」と、どれも「幻の駅」ばかりだ。さて、ここでクイズだ。4つの駅のうち、今も存在している駅がひとつだけあるが、どの駅か。

「万世橋駅」は、立川-新宿間を開通させた私鉄甲武鉄道が1912(明治45)年に、この路線を延伸させたうえで開業した駅だ。7年後には、万世橋-東京間の開通も果たしたが、1925(大正14)年、上野-神田間に秋葉原駅ができたことで、客を奪われる形となる。1943(昭和18)年には、駅は廃止され、駅舎は取り壊された。

「汐留駅」は、日本初の鉄道として、1872(明治5)年に開業した新橋-横浜間の新橋駅がその前身だ。1914(大正3)年に、東京駅が開業したことで、新橋駅が旅客営業をやめ、貨物駅として再利用されることになった際、「汐留駅」という名に変えた。その後、貨物ターミナル駅として活躍したが、敷地の狭さから貨物取扱量に限界が生じ、東京貨物ターミナル駅に役割を譲って、1986(昭和61)年、廃駅となった。

「飯田町駅」は、1895(明治28)年に、中央本線の牛込-飯田町間を開通させた際に開業した駅だ。1928(昭和3)年に、新宿-飯田町間の複々線化工事が完成したのにあわせ、牛込駅と飯田町駅を統合させて、「飯田橋駅」を新たに開業した。これにともない、飯田町駅は旅客営業をやめ、貨物駅となったが、1999(平成11)年に廃止された。

「両国橋駅」は、1904(明治37)年に総武鉄道のターミナル駅として開業したが、1931(昭和6)年に「両国駅」と改称し、今もJR総武線の駅として営業を続けている。したがって、答えは「両国橋駅」だ。

98 「おもいで」「友情」「なかよし」などの愛称がある列車とは?

「きぼう」「こまどり」「おもいで」「わかば」「わこうど」「友情」「なかよし」……。

すべて列車の愛称だが、どのような列車につけられた名前か、おわかりだろうか。「聞いたこともない」「乗った覚えがない」という人がほとんどかもしれない。では、ヒント。これらの列車の前身となる列車は、「集約臨」の通称で呼ばれた。「ヒントを聞いたら、ますますわからなくなった」という声が聞こえてきそうだ。

「集約臨」は略称で、正式名称は「修学旅行集約輸送臨時列車」という。修学旅行シーズンの6月、需要の高そうな東京-京都・大阪間に、修学旅行客を当てこんで運行させた臨時列車だ。日本の修学旅行は1880~1890年代に始まったが、当時、大勢の生徒を目的地まで連れていく手段としては、もっぱら鉄道が使われていた。1950(昭和25)年頃になると、修学旅行を斡旋する旅行会社の提案・要望により、「集約臨」が運行されるようになった。

さらに、1959(昭和34)年には、日本初の修学旅行専用電車として「ひので」(関東地区の学校が関西地区に行くときに利用)と「きぼう」(関西地区の学校が関東地区に行くときに利

「167系電車」(モックアップ)

のんびりと修学旅行が楽しめた時代を象徴する「167系修学旅行専用電車」

用)が運行された。その後、運行区間により、さまざまな名称の修学旅行専用電車が運行された。

「ノースウイング」のノースギャラリーに展示されてある「167系電車」は、1965(昭和40)年に完成した修学旅行専用電車で、翌年から中国地方の児童・生徒向けに下関-広島間を走った「なかよし」の実物大モックアップ(模型)だ。同じ「167系」は「友情」(下関-京都)、「わこうど」(下関-東京)としても活躍した。

しかし、1970年代に入り、修学旅行に新幹線が使われるようになると、これらの修学旅行列車は急速に消えていく。「子供の旅」にもスピードアップが求められる時代になった。

99 アメリカで「ミカド」と呼ばれた蒸気機関車とは？

日本人にとって最も馴染み深い蒸気機関車といえば、やはり「デゴイチ」の愛称で知られる「D51形式蒸気機関車」だ。実際に、「D51形」はわが国最多の1115両製造された蒸気機関車である。このほかにも、台湾に32両、サハリンに30両輸出されており、国際的にも活躍した経歴を誇る。

鉄道博物館の「D51形」は館内にはなく、博物館入口へと通じるプロムナードにある（PART1『5 必見！鉄道博物館駅から続くプロムナードの壁・床・天井』23ページ参照）。「D51形」426号機のカットボディーで、2006（平成18）年に閉館した「交通博物館」に展示されていたものが、そのまま運ばれてきた。「交通博物館」へ足を運んだことがある人にとっては、懐かしい存在かもしれない。

混雑期の鉄道博物館では、プロムナードは長蛇の列で、展示物をゆっくり鑑賞することは不可能だ。「デゴイチ」の見学は、館内を十分堪能したあと、帰り際に立ち寄って見るのもいいだろう。「デゴイチ」に見送られながら、鉄道博物館をあとにすることができるなんて、鉄道ファンならずとも、感激だ。

「D51形式蒸気機関車」のカットボディー

最強の牽引力を誇った「デゴイチ」は「顔つき」も精悍だ

「D51形」は、ひとつ前のモデルとなる「D50形」（通称「デコマル」）の基本設計にならい、貨物用蒸気機関車として１９３６（昭和11）年から製造されはじめた。貨物列車を引くことから、速度よりも牽引力が重視された結果、動輪径は小さめ（１４００㎜、動輪径は大きいほど速度が出る）にして、動輪数を多くすることにした。牽引力をアップさせるには、動輪とレールの接点がたくさんあるほうがよい。つまり、動輪の数を増やすことが牽引力の増強につながるのだ。

そこで、動輪4軸の前に1軸の先輪、後ろに1軸の従輪を備えた「軸配置」が採用された。この軸配置は、日本式では「１Ｄ１」（「Ｄ」は動輪軸の本数＝4本を表わす記号）というが、アメリカ式呼称では「ミカド」と呼ばれる。1897(明治30)年、日本鉄道がアメリカのボールドウィン社から輸入した「9700形蒸気機関車」に初めて採用されたのがこの軸配置だったため、アメリカでは「天皇(ミカド)の国から発注を受けた」ことにちなんで、こう名づけたのだ。

ちなみに、「貴婦人」の愛称で知られる「C57形式蒸気機関車」の軸配置は、旅客用機関車のため、動輪数は少なめで「2C1」(先輪2軸、動輪3軸、従輪1軸)の構成だが、アメリカ式呼称は「パシフィック」という。これは、この軸配置を採用した機関車をニュージーランド国鉄が購入したことにより、「太平洋(パシフィック)を渡った」ことにちなんで命名された。

プロムナードの「デゴイチ」はカットボディーなので、肝心の軸配置を確認することはできないが、その「顔つき」から、最強の駆動力を発揮して、重量級の貨物列車を牽引していた姿を想像してほしい。

「どうしても軸配置を目で見て確認したい」と切望する人は、鉄道博物館から大宮駅方面に向かっていく途中にある「大宮総合車両センター」まで足を伸ばしてみるとよい。センターの正面玄関横には「D51形」の187号機が保存展示されており、誰でも見ることができるようになっている。

《参考資料》

『鉄道博物館　THE RAILWAY MUSEUM』（鉄道博物館）

『全国鉄道博物館』（白川淳著、ＪＴＢパブリッシング）

『まるわかり鉄道用語の基礎知識８５０』（池口英司編著、イカロス出版）

『図解・鉄道の科学』（宮本昌幸著、講談社）

『鉄道の大常識』（梅原淳監修、ポプラ社）

『超図説鉄道車両を知りつくす』（川辺謙一著、学習研究社）

『日本の蒸気機関車のすべて』（交通博物館監修、毎日新聞社）

《写真撮影》

カバー写真＝裏辺金好（裏辺研究所 所長・http://www.uraken.net/）

本文写真＝裏辺金好／植村耕二／鉄道博物館を楽しむ研究会

《イラスト提供》

鉄道博物館（26ページ）

二見文庫

鉄道博物館《てつどうはくぶつかん》を楽《たの》しむ99の謎《なぞ》

著者　鉄道博物館《てつどうはくぶつかん》を楽《たの》しむ研究会《けんきゅうかい》

発行所　株式会社 二見書房
東京都千代田区三崎町2-18-11
電話　03(3515)2311［営業］
　　　03(3515)2314［編集］
振替　00170-4-2639

編集　K.K. インターメディア
印刷　株式会社 堀内印刷所
製本　村上製本

落丁・乱丁本はお取り替えいたします。
定価は、カバーに表示してあります。

ISBN978-4-576-08150-2
http://www.futami.co.jp/

ベテラン整備士が明かす意外な事実
ジャンボ旅客機99の謎
エラワン・ウイパー［著］

あの巨大な翼は8mもしなる！／着陸時に機内が暗くなる理由は？／車輪の直径は自動車の2倍、強度は7倍！……などジャンボ機の知りたい秘密が満載！

巨大な主翼はテニスコート2面分！
続ジャンボ旅客機99の謎
エラワン・ウイパー［著］

コックピットの時計はどこの国の時刻に合わせてある？／どの航空会社のジャンボがいちばん乗り心地がいいのか？……など話題のネタ満載の大好評第2弾！

知っているようで知らない意外な事実
新幹線99の謎
新幹線の謎と不思議研究会［編］

車内の電気が一瞬消える謎の駅はどこ？／運転士の自由になるのは時速30Km以下のときだけ！／なぜ信号がない？……など新幹線のすべてがわかる！

消防車と消防官たちの驚くべき秘密
消防自動車99の謎
消防の謎と不思議研究会［編著］

全車特注、2台と同じ消防車はない！／「119番」通報は直接、消防署にはつながらない／消火に使った水道料金は誰が払う？……など消防の謎と不思議が一杯！

ここまで明かしてしまっていいのか
警察の表と裏99の謎
北芝　健［著］

警察官に「ケンカ好き」が多いのは、なぜ？／現役のヤクザは「元刑事」だった！／警察内にはびこる「縄張り」争いの実態は？……など警察の裏事情を大暴露！

知ればトクする
天気予報99の謎
ウェザーニューズ［著］

22度でビールが欲しくなる、天気を知ればゴルフの飛距離も伸びる、コンビニでは天気は仕入れの生命線……など、世界最大の気象情報会社が明かす、トクする天気予報活用術！

帝都の地底に隠された驚愕の事実
大東京の地下99の謎
秋庭 俊［著］

六本木駅はなぜ日本一の深さにつくられた？／高輪の寺の地下36mに巨大な「変電所」／皇居の地下に、もうひとつの江戸城……など驚くべき東京の地下の謎の数々

各駅の地底に眠る戦前の国家機密！
大東京の地下鉄道99の謎
秋庭 俊［著］

丸ノ内線は地上、南北線は地下6階の「後楽園駅」の間に旧日本軍施設？ など東京メトロ8路線、都営地下鉄4路線の各駅と周辺のまだまだ深い東京地下の謎にせまる

いま明かされる地下の歴史
大東京の地下400年 99の謎
秋庭 俊［著］

江戸時代から始まった東京の地下建設は、時代の要請に応じて国民には知らされぬ〝国家機密〟の謎に包まれてきた。——今、それが白日のもとにさらされる！

この動物の意外な謎は、この動物園でチェック
動物園を楽しむ99の謎
森 由民［著］

サイの角はなんと「毛」でできている／白熊の体毛は透明で、地肌は黒い！など動物ビックリ99の謎。どこの動物園に行けば、お目当ての動物に会えるか情報も満載

もう負けない！勝ち組パチンカーに変身！
パチンコホールの裏側99の謎
伊集院博士［著］

10年以上にわたりパチンコホール店長としてコンピューターの裏、釘調整、経営の裏まで熟知した著者が、台の見分け方から新機種攻略法まで初めて明かす必勝本！

50年間世界一！
東京タワー99の謎
東京電波塔研究会［著］

最初の予定は380mだった？／戦車の鉄でできている？／電波塔以外の意外な役割は？……意外かつ面白いネタを満載した本邦初の東京タワー本

二見文庫